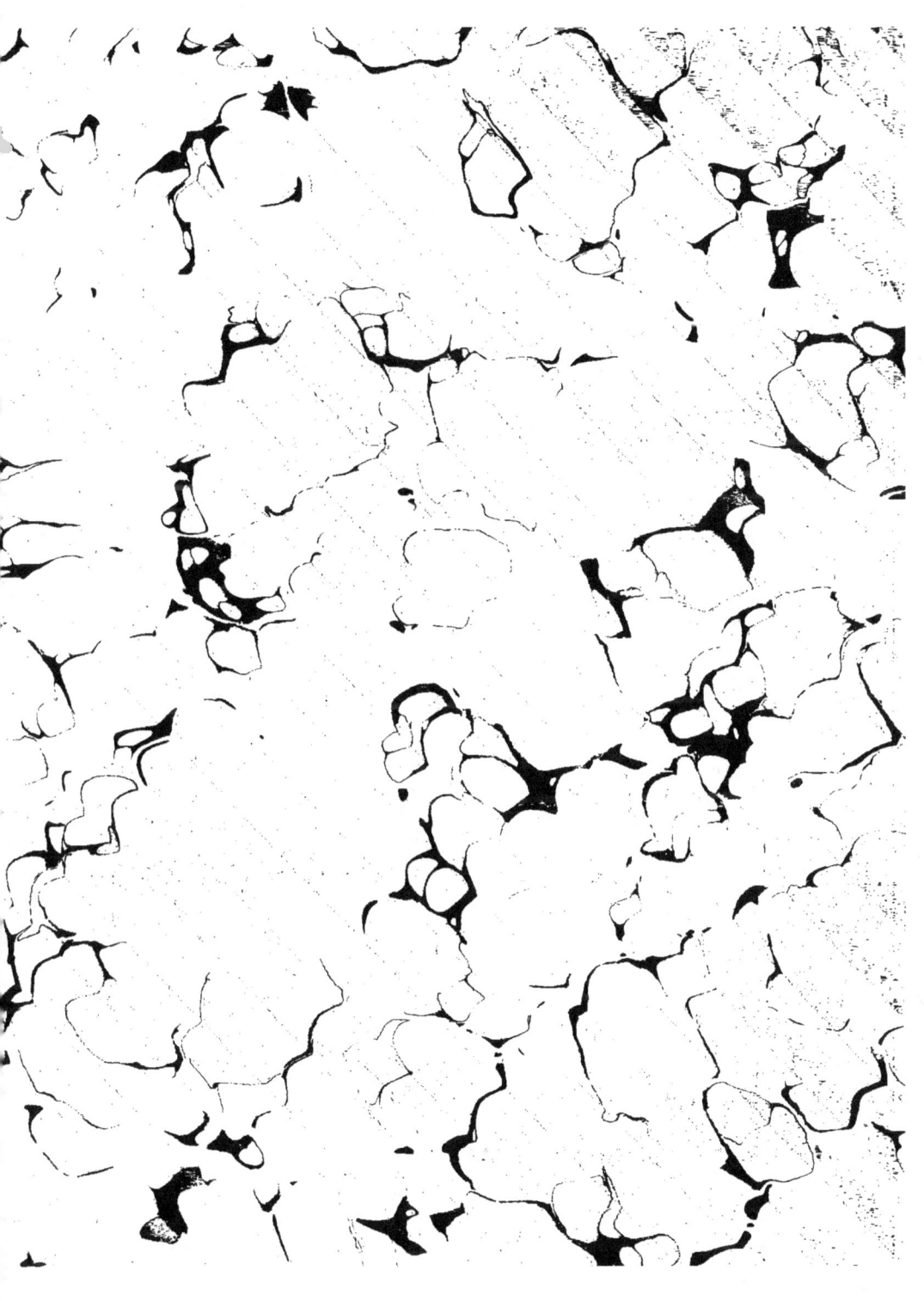

LE MUSÉUM

DE FLORENCE,

OU

COLLECTION DES PIERRES GRAVÉES,

STATUES, MÉDAILLES ET PEINTURES,

Qui fe trouvent à Florence, principalement dans le Cabinet du Grand Duc de Tofcane,

Dédié & préfenté à MONSIEUR, Frère du Roi,

Gravé par M. DAVID, Graveur de la Chambre & du Cabinet de MONSIEUR, Membre de l'Académie Royale des Beaux-Arts de Berlin, &c, &c.

Avec des Explications françoifes,

Par M. MULOT, Docteur en Théologie de la Faculté de Paris, Chanoine Régulier de l'Abbaye Royale de Saint-Victor.

TOME TROISIÈME.

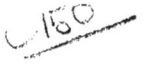

A PARIS,

Chez M. DAVID, rue des Cordeliers, au coin de celle de l'Obfervance.

M. DCC. LXXXVII.

AVEC PRIVILÉGE DU ROI.

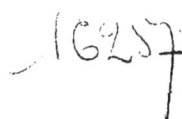

LE MUSEUM

DE FLORENCE.

STATUES.

JUPITER.

LA Toute-Puiſſance & la douceur ſont les principaux attributs de la Divinité : l'une la fait craindre, l'autre la fait chérir. Dans la belle Statue de Jupiter, qu'il eſt bien naturel de placer la première de toutes celles que nous allons examiner, ces deux caractères ſe trouvent réunis. L'habile Artiſte qui l'a faite ſemble avoir voulu ſaiſir l'idée du célèbre Polyclète, lorſqu'à la demande des Argiens, cet immortel Sculpteur, fit en marbre blanc le Jupiter doux dont parle Pauſanias. Son viſage eſt tranquille & ſerein : ſa main droite, armée de la foudre, ne la tient pas élevée pour la lancer ; mais la dirige vers les Royaumes ſombres. L'enſemble de cette Statue indique que l'intention de ſon Auteur étoit d'exprimer ce Dieu jouiſſant de la paix, & maître du Ciel & de l'Univers, après ſa victoire ſur les Titans : auſſi ne voit-on pas auprès de lui le Roi des oiſeaux, l'aigle, porteur de ſes armes. Le coſtume ajoute à l'expreſſion. Le manteau que porte le Dieu, ſemblable à celui dont on revet Eſculape, & que les Philoſophes avoient choiſi, voile les parties inférieures de ſon corps & laiſſe à nud toute la partie ſupérieure : c'eſt ainſi, diſent les Mythologues, que l'on rend ſenſible la prérogative de Jupiter, d'être tout à la fois viſible aux intelligences céleſtes, & caché aux habitans de ce monde. Les plis de ce vêtement bien ajuſtés donnent à l'ouvrage beaucoup de grace & de prix. Les anciens Étruſques revêtiſſoient ce Dieu du même manteau, comme nous le prouvent une patère & un vaſe très-beau que conſerve le Muſeum des Médicis. Au ſurplus, une robe Philoſophique ne dégrade point un Dieu, ſur-tout quand il ſe fait gloire comme

Tome III.   A

celui-ci, dans Lucien, de s'affimiler à ces Sages. Ses pieds font nuds, fans chauffure, fans même ces brodequins dont parle Paufanias & que Polyclète avoit voulu donner à Jupiter comme un figne de reffemblance avec Bacchus.

A travers les nuages de la Mythologie, feroit-il poffible d'entrevoir quelques vérités & de faire un abrégé du moins vraifemblable de l'Hiftoire de Jupiter ? Nous allons le tenter. Heureux fi nos efforts ne font pas infructueux.

Urane, dont le nom fignifie Ciel, pour défigner, fans doute, l'étude qu'il fit des mouvemens des Aftres & de leurs révolutions, époufa fa fœur Titée, que Sanchoniaton appelle *Gué* ou Terre. Cette union produifit plufieurs enfans qui, du nom de leur mère, furent appellés Titans. Ces Princes, adroits à profiter de ce qui pouvoit illuftrer leur origine, crurent la rendre plus refpeftable en fe difant fils du Ciel & de la Terre. Ils étoient redoutables par leurs forces & leur valeur : & bientôt l'ambition les fit fe révolter contre Urane. Celui-ci les fit tous arrêter ; mais Saturne, l'un d'eux, délivré par Titée, rendit la liberté à fes frères, qui fe faifirent, à leur tour, de leur père & déférèrent la couronne à leur libérateur. Saturne, en peu de tems, fçut affermir fon Trône, & la révolte de quelques-uns de fes frères, animés par le remord, fut à l'inftant diffipée. Urane réduit à la condition de fujet, périt de chagrin, ou, comme le veut Sanchoniaton, des fuites d'une opération cruelle, que Titée avoit. fécondée & qui le mettoit hors d'état de fe reproduire. Il eft poffible que ce fait ne foit que l'altération d'un autre plus certain, de la circoncifion d'Abraham, Patriarche que plufieurs Sçavans croyent reconnoître dans Chronos ou Saturne, fon image bien défigurée ; mais ne nous arrêtons pas en ce moment à ces doftes interprétations & pourfuivons rapidement notre récit. Saturne redevable du trône à fa mère, eut dû conferver pour elle des égards ; mais il fut ingrat, & dans un moment de colère que lui caufoit cette ingratitude, Titée le menaça du fort de fon père : menace funefte, fource de la dureté de Saturne pour fes enfans. Ce Prince avoit époufé fa fœur Rhéa, de laquelle il en avoit eu plufieurs. La menace de Titée, qu'il prit pour une prophétie, les lui fit, non pas dévorer, (ce que l'on crut d'après une équivoque) ; mais renfermer tous, à l'exception de Jupiter, qui venoit de naître & qui, fauvé par la fupercherie de fa mère, fut confié par elle aux Curètes. Ces Prêtres du Mont Ida, iffus du fang Royal, & qui, dans les États des Titans, étoient comme les Druïdes chez les Gaulois,

les Mages chez les Perſes , & les Saliens chez les Sabins, prirent ſoin de ſon
enfance, & firent tant de bruit avec leurs lances dont ils frappoient leurs
boucliers, qu'ils empêchèrent que l'on découvrît l'enfant. Le nom Arabe ou
Phénicien donné à ces Prêtres, & mal interprété, fit naître la Fable des Colombes
qui venoient nourrir le jeune Jupiter. La chèvre Amalthée, (que d'autres
croyent être, non pas une chèvre; mais la Princeſſe fille de Mélitte, Roi de
Crète), fournit le lait néceſſaire à ſon enfance : par reconnoiſſance elle fut
placée parmi les Aſtres, &, c'eſt d'une de ſes cornes que les Grecs ont fait
la corne d'Abondance. La rencontre de quelques ruches d'abeilles dans l'antre
où l'on avoit caché le fils de Saturne, fit ſoupçonner qu'elles lui donnoient
leur miel, comme, depuis, l'aigle que Jupiter vit au moment où il conſultoit
les Augures, avant d'entreprendre la guerre contre les Titans, & qui, ſuivant
Hygin, fut mis aux Cieux, fut cenſé lui avoir porté de l'Ambroiſie. Devenu
grand, Jupiter prit avec lui *Métis*, ou, pour mieux dire, il ſe fit guider
par la Prudence dans ſes actions : il délivra les Titans, que ſon père tenoit
enfermés dans des priſons, &, par leur ſecours, il détrôna Saturne & le força
de ſe retirer en Italie. Les Titans, à leur tour, devinrent jaloux du nouveau Conquérant, &, ſollicités, comme l'on croit, par Saturne, ils voulurent le combattre. Jupiter les défit à pluſieurs repriſes, & ce fut par la
dernière victoire qu'il remporta ſur eux près du Tarteſſe, d'où l'on dit qu'il les
précipita dans le Tartare, qu'il termina une guerre de dix ans. Saturne paſſa
en Sicile où il mourut dans le même état au quel il avoit réduit Urane. Jupiter
avoit eu auſſi à ſouffrir pendant ſon règne de la part des Géans, qui ne
ſont vraiſemblablement que ces gens *puiſſans & fameux*, ces brigands qui
déſoloient la Theſſalie. Il s'étoit retranché ſur le Mont Olympe dont Homère
fait le Ciel : & les Géans, que l'on dit avoir entaſſé le Mont Oſſa ſur le
Pélion pour eſcalader l'Olympe, n'avoient fait ſans doute de ces montagnes
voiſines de la première que des lieux de retraite où ils s'étoient fortifiés pour
ſoutenir leur révolte, dans laquelle on a cru reconnoître la tentative ridicule
de la Tour de Babel; mais enfin il en triompha. Jouiſſant de la paix, il fit
entre lui, Neptune & Pluton le partage de l'Empire, que l'on regarde comme
la trace du partage de la Terre entre les enfans de Noé.

Les anciens Écrivains de qui les Grecs ont emprunté ce qu'ils ont dit ſur
Jupiter, louèrent beaucoup ſon courage, ſa prudence & ſes vertus militaires.
Heureux ce Prince s'il n'eut pas terni ſes belles actions par ſa paſſion pour le plai-
ſir. On a couvert ſous le voile des Métamorphoſes les plus ingénieuſes les crimes

A 2

qu'un impur amour lui fit commettre. Ces galanteries (1) trop fréquentes avoient rendu Junon jalouse & complice d'une Conjuration qu'il diffipa. C'eft le dernier de fes exploits. Accablé de vieilleffe il mourut dans l'Ifle de Crète où long-tems s'eft vu fon tombeau. Les Curètes qui avoient pris foin de fon enfance , prirent celui de fes funérailles.

Les noms de Jupiter furent fans nombre & nous aurons plus d'une fois occafion d'en parler dans le cours de cet Ouvrage.

PLANCHE II.

JUNON.

Mère des Dieux , la fœur & l'époufe de Jupiter , Proteſtrice fpéciale des femmes, Junon, mérite que l'on s'occupe d'elle avant d'examiner la Statue qui la repréfente. Les Grecs lui donnoient le nom de Maitreffe ou de Grande, & les Latins celui de *Juno*, que fon éthymologie, qui eft *Juvans* Secourable , rend plus flatteur : &, comme ces deux qualités de Secourable & de Reine doivent toujours être unies, ils lui donnoient également le titre de Reine *Regina*.

Plufieurs Cités fe glorifièrent de lui avoir donné naiffance. Argos & Samos , qui fe vantoient de cette prérogative, furent les Villes les plus fidelles à fon culte. Nourrie par l'Océan & par Thétis, élevée par les filles du Fleuve Aftérion , & foignée par les Heures, elle plût à fon frère Jupiter. Que ne confeille pas l'Amour ? Jupiter fait fouffler un vent froid, fe change en cou-cou & tremblant, prefque tranfi fous cette métamorphofe, il intéreffe fa fœur : Junon, fans le craindre , met dans fon fein, pour le rechauffer, l'oifeau trompeur qui venoit la féduire. Elle étoit feule en ce moment fur le Mont Thorax, qui du nom du Cou-cou fut furnommé *Coccyx* : l'occafion étoit belle : Jupiter careffé comme oifeau , pour tenter d'autres careffes, reprit fa forme ordinaire; mais Junon févère ne confentit à rien que fous la promeffe d'une union éternellement facrée. Leurs nôces furent célébrées avec pompe. Le mariage avoit été le feul moyen de poffèder Junon : la poffeffion éteint les feux que le defir allume : les deux époux furent infidèles : Jupiter par plaifir, Junon peut-être

---

(1) Tout ce que l'on prête chez les Poëtes au fils de Saturne ne fçauroit lui convenir perfonnellement. Il en eft de lui comme d'Hercule ; on a raffemblé fur une même tête les aftions de plufieurs hommes. Il n'y a pas de doute fur la pluralité des Jupiters, & c'eft même cette pluralité qui fut caufe que divers pays fe vantèrent d'avoir donné naiffance à ce Dieu.

plus par vengeance. Femme & Déesse, cette paffion étoit la plus violente de son cœur, & l'on connoît tout ce que les Poëtes en racontent. Une rupture, que caufa le dépit, rappella Jupiter à fes devoirs : l'amour renaît bien fouvent des feux qu'il croit éteindre : une rufe confeillée par le fage Cythéron qui régnoit à Platée, rapprocha Junon. Jupiter avoit fait faire une belle Statue de bois, & avoit répandu le bruit d'un mariage avec la fille d'Afopus. Au jour indiqué pour cette folemnité, Junon arrive : elle fe précipite fur la fauffe époufe, que l'on promenoit publiquement dans un char, déchire le voile qui la couvre, voit la fraude, &, charmée d'une tromperie qui lui prouvoit de l'amour, elle renoue des nœuds que l'amour avoit formés. Mais hélas ! ces nœuds fe rompent fi facilement ! Junon fe brouille de nouveau : & il faut que dans fa colère elle ait bien outragé fon époux, puifque l'on veut, que, pour la punir, il l'ait fufpendue entre les Cieux & la terre avec une chaîne d'or, après avoir attaché à fes pieds deux enclûmes énormes. Porphyre, outré de l'humeur farouche de cette Déeffe, crut ne devoir la mettre qu'au nombre des mauvais Génies, &, il faut l'avouer, on ne peut mieux défigner une femme jaloufe.

Les Anciens ne font pas d'accord au fujet des enfans de Junon, Héfiode lui donne Hébé, Vénus, Lucine & Vulcain. Apollodore la fait mère d'Hébé, d'Illythye & d'Argé : d'autres y joignent Mars & Typhon : & les Mythologues allégorifent encore ces générations ; ils prétendent que cette Déeffe eft devenue mère d'Hébé en mangeant des laitues, de Mars en touchant une fleur, & de Typhon en faifant fortir de la terre des vapeurs qu'elle reçut dans fon fein.

Ce feroit une folie de prétendre expliquer d'une manière fûre toute cette hiftoire fabuleufe de Junon. On a cru cependant fous ces voiles épais découvrir des myftères de la Nature, & plus d'un Phyficien adopte avec plaifir les interprétations de Noël le Comte.

Il penfe que Junon eft l'air, défigné par le nom d'H'., que les Grecs lui donnèrent, ce qu'il croit encore reconnoître dans l'Hymne d'Orphée à cette Déeffe. L'Ifle de Samos lui eft affignée comme le lieu de fa naiffance, parce que c'eft un des endroits de la terre où l'air eft le plus pur. L'Océan & Thétys, les filles du fleuve Aftérion & les Heures n'ont foin de fon enfance & ne font chargés de la nourrir que pour indiquer la nature de l'air. L'union de Jupiter avec fa fœur n'annonceroit que cette chaleur bienfaifante du Soleil, qui, communiquée à l'air, lui donne la force génératrice. Les diffentions maritales ne feroient autre chofe que l'indice de la variation des tems & de l'oppofition des faifons. Iris n'eft la Meffagère de Junon que parce que fon arc nuancé annonce la férénité de l'air. Enfin, fi l'on voit Jupiter fufpendre Junon à une chaîne d'or, ayant deux enclûmes aux pieds & ne pouvant être délivrée par les Dieux, ne feroit-ce pas pour marquer l'union de l'air fupérieur avec l'inférieur, dont parle Platon dans le Timée? La terre & l'eau qui femblent comme fufpendues à l'air qui leur furnage, ne feroient-elles pas les enclumes qui nous étonnent? Et l'impoffibilité d'être délivrée ne marqueroit-elle pas cette jonction des élémens que celui-là feul peut féparer qui les a unis? La naiffance d'Hébé confirme ces conjectures: Junon brûloit dans le Palais de Jupiter où l'avoit introduite Apollon: trop de chaleur nuit à la génération, & le froid des laitues fauvages lui rendit cette douce température, feule propre aux travaux de l'Hymen. Enfin ce qui femble porter cette explication phyfique de la Fable de Junon à fon dernier point de vraifemblance, c'eft le temple de cette Déeffe, que Paufanias décrit dans fes Attiques, & que l'on voyoit fur la route d'Athènes. Sans toît & fans portes n'indiquoit-il pas à tous ceux qui le vifitoient, qu'on ne devoit point enfermer la Divinité que l'on adoroit dans fon enceinte, cet air qui nous fait vivre & fous l'empire duquel nous exifions?

Les Alchymiftes trouvent auffi dans la Fable de Junon des emblêmes de leur art myftérieux; mais dans un tiffu de faits éloignés, & que toujours les Poëtes & les Peintres ont exprimés avec la liberté dont ils jouiffent, que ne peut pas découvrir une imagination brillante & active? Dans fes doctes écrits le fçavant Court de Gébelin nous en a plus d'une fois donné des preuves.

Les noms fous lefquels on révère Junon font fans nombre. On l'appelloit *Sofpita*, parce qu'elle veilloit à la falubrité de l'air, dont l'intempérie caufe les maladies, &, fous cette dénomination, elle avoit trois temples, l'un à Lanuvium, & les deux autres à Rome: dans celui de Lanuvium, au rapport de Cotta, que fait parler Cicéron, cette Déeffe étoit repréfentée avec une peau de chèvre, une javeline, un petit bouclier & une chauffure recourbée en pointe fur le devant. Sous le titre de *Regina* que nous avons déja dit lui avoir été donné par les Latins, Junon avoit un temple au Mont Aventin, où, fous la dictature de Fur. Camillus, fut tranfportée fa Statue que l'on adoroit à Veïes: elle étoit fi refpectée, que fon Prêtre feul avoit le droit d'y toucher. Surnommée *Juno Lucina*, parce qu'elle préfidoit, difoit-on, aux accouchemens, on la repréfentoit comme une Matrone qui tenoit une coupe de la main droite & une lance de la gauche ; quelquefois on lui mettoit un fouet dans la main , & ce fouet defignoit vraifemblablement celui du Prêtre Lupercal dont fe faifoient frapper les Dames Romaines pour devenir mères , ou pour être heureufement délivrées des enfans qu'elles portoient. Le nom de Lucine pouvoit encore , fuivant le témoignage d'Ovide, fe dériver du bois facré où elle recevoit les hommages des humains , bois que l'on appelloit *Lucus à Lucendo*. Comme Protectrice des femmes au moment de leurs accouchemens, elle fe nommoit encore *Egeria* & *Natalis*. C'étoit fous les aufpices de Junon que fe faifoient les mariages , & de là lui vinrent les noms de *Juga* , qui défignoit le joug auquel fe foumettoient les époux : de *Domiduca* , pour indiquer que l'époufe étoit accompagnée par elle quand elle entroit dans la maifon de nôces : d'*Unxia* , à caufe de l'onction que faifoit la nouvelle mariée au jambage de la porte de fon mari, en entrant chez lui : de *Cinxia* , parce qu'elle aidoit à délier la ceinture que la nouvelle époufe portoit. Les Calendes de chaque mois étoient confacrées à Junon ; on la nomma donc *Calendaris* , & *Februata* , parce qu'elle recevoit des hommages particuliers au premier jour de Février. Les Antiquaires connoiffent le nom de *Matuta* , fous lequel elle avoit un temple à Rome , & celui de *Confervatrice* que porte une médaille de Salonine. On voit quelquefois Junon avec tous les attributs Monétaires, ce qui la fit appeller *Monéta*. Cicéron cependant donne à ce furnom une autre éthymologie & le dérive de *Moneo* : il lui fut donné pour avoir averti le peuple de Rome avant que les Gaulois affiégeâffent la Ville. Bunéus , fils de Mercure , lui fit bâtir un temple à Corinthe, comme nous l'apprend Paufanias , & elle fut furnommée *Bunéa*. Lycophron lui donne le titre de *Tropæa* , parce qu'elle préfidoit aux triomphes , & Claudia Sabbatis dédia un monument à cette Déeffe fous celui de *Junoni Placidæ*. Nous ne finirions pas fi nous rappellions ici tous les autres noms que lui firent donner les lieux où plus fpécialement elle étoit honorée & les attributs qui lui étoient propres. Au furplus, de toutes les Divinités du Paganifme, il n'y en avoit point dont le culte fut plus folemnel & plus généralement répandu que celui de Junon : le refpect qu'on avoit pour cette Déeffe alloit même fi loin, que les femmes appelloient *Junons* les Divinités particulières qu'elles croyoient veiller fur elles , & qu'elles invoquoient , comme chaque homme invoquoit fon *Génie*.

La Statue de Junon que nous voyons au Muféum des Médicis & dont nous offrons une fidelle copie, est fous les dehors que l'on donnoit à Junon

Reine ou à Junon *Lucine* : la patère qu'elle tient de la main droite & le
fceptre qu'elle a dans la gauche nous portent à cette conjectures. Les Anciens
mettoient ainſi des patères dans les mains de leurs Dieux pour déſigner la
bonté avec laquelle ils acceptoient les offrandes des hommes. La robe dont la
Déeſſe eſt vêtue dans cette Statue , & qui par élégance eſt doublement retrouſſée
au-deſſus de la ceinture , ainſi que la chlamyde qui retombe par derrière les
épaules, ſont traitées avec tant de ſoin, & leurs plis ſont diſpoſés ſi naturellement, que l'on peut mettre au premier rang l'Artiſte habile à qui nous
devons ce bel ouvrage.

PLANCHES III & IV.

LÉDA.

Eſt-ce Néméſis, eſt ce Léda qui nous offrent ces deux Satues de marbre
qui ornent le Muſeum des Médicis ? Les Mythologues ne peuvent diſſiper
notre incertitude , & leurs écrits, même, ne ſçauroient que l'augmenter. Pour
éviter à Jupiter la peine & la honte d'une double métamorphoſe , les
confondre ſeroit bien plus ſimple ; mais un grouppe de Phidias , dans lequel
cet habile Sculpteur a repréſenté Léda , conduiſant Hélène à Néméſis , ne
nous permet pas de le faire. Laiſſons donc Hygin raconter de deux manières
les amours de Jupiter-Cygne. Que les Poëtes & les Peintres les embelliſſent
à leur gré. Contentons-nous de dire , avec Iſocrate, que deux fois le maître
des Dieux a pris la forme d'un Cygne, l'une pour ſurprendre Néméſis &
l'autre pour poſſéder Léda. Le Cygne fortuné dont Jupiter emprunta les
dehors fut mis au rang des Aſtres. Myrthon , célèbre Graveur en Pierres, a
rendu ſupérieurement cette apothéoſe aſtronomique ſur la Pierre que Philippe
Stoſch a publiée (1), & Manilius l'a décrite avec élégance. Mais qui pourra percer le voile épais de cette Fable & découvrir le trait hiſtorique qu'elle
n'embellit que pour le défigurer ? Les Sçavans ont varié dans leurs conjectures.
Les uns ont cru qu'elle n'avoit d'autre fondement que la beauté, la blan-
cheur & la longeur du cou d'Hélène , que dès-lors on a voulu faire naître
d'un Cygne-Dieu. Quelques-uns ont pris la figure de l'endroit où l'amant de

_____

(1) D'autres Mythologues prétendent que le Cygne n'obtint place parmi les étoiles , qu'en
qualité d'oiſeau conſacré à Apollon.,.... *Voyez* Tom. III, Antiquités d'Herculanum, de
David, pag. 31.

Léda pouvoit s'être introduit, pour origine de la fiction de l'œuf d'où fortirent les Diofcures (1), d'autres enfin prétendent qu'Hélène avoit eu quelqu'affaire galante fur les bords de l'Eurotas, où fe rencontroient beaucoup de Cygnes, & que l'on publia, pour fauver fon honneur, que Jupiter, amoureux d'elle, avoit pris la forme d'un Cygne pour la féduire & la tromper. Eh! cette ingénieufe tournure ne feroit-elle pas l'expreffion de la vérité? Quoiqu'il en foit, c'eft donc ou Néméfis ou Léda dont les Auteurs de nos deux Statues ont voulu rendre l'image. La première, N°. III, eft l'ouvrage d'un Artifte qui nous eft inconnu; mais dont on ne fçauroit trop célébrer le talent. Non content d'avoir bien rendu les belles formes de la Nature, il a voulu que l'ornement répondit au nud, & de là ce cercle qui ceint le bras droit (2), & l'adroite difpofition des plis du manteau. La feconde, N°. IV, n'eft pas le fruit d'un fi habile cifeau; mais elle offre encore des beautés. Toutes deux repréfentent la Déeffe debout, & c'eft la pofture que les Sculpteurs ont le plus fréquemment choifie.

PLANCHE V.

GANYMÈDE.

En expliquant les Fables, chacun fuit fes affections, & l'imagination, très-fouvent, eft dupe de fon propre délire. Rien ne le prouve mieux que les diverfes explications de celle de Ganymède. Le fils de Tros (3), Roi des Troyens, enlevé par un Prince voifin (4), ou la mort de cet enfant chéri que l'on voile à fon père, voilà le fimple fond hiftorique fi agréablement embelli

---

(1) Ce lieu fecret, fuivant ceux qui adoptent ce fyftême, étoit l'endroit le plus élevé du Palais, dont la forme ovale l'a fait nommer ω'ον par les Lacédémoniens, ce qui donna lieu à la fiction de l'œuf.

(2) Dans la belle Peinture de Léda trouvée à la fouille de Gragnano en 1759, le haut du poignet de la Déeffe eft orné d'un cercle d'or. *Voyez* Peintures d'Herculanum, Tom. III, Plan. XII. pag. 29, édit. de David.

(3) Nous adoptons l'opinion d'Homère, *Iliad. XX. v.* 230. Hygin le fait tantôt fils d'Affaracus, (*Fab. CCXXIV*). tantôt d'Erichthonius, (*Fab. CCLXXI*). Tzetzès lui donne pour frére Laomédon, ce qui le feroit naître d'Ilus. (*Ad Licophron p.* 10), & Lucien lui affigne Dardanus pour père.

(4) Banier Tom. II. 4°. p. 15, dit que c'eft Jupiter Tantale qui enleva Ganymède..... *Echemenes Cyprius* (*apud natal. comit. p.* 991), prétend que Ganymède fut enlevé par Minos.

Tome III. B

par les Poëtes, que mille Sçavans, enfuite, ont interprétés, chacun à fa
maniére. Chaffeur (1) & Berger, comme le devoient être tous les fils de
Rois de cet âge, Ganymède, difent les premiers, étoit fur le Mont *Ida*,
ou dans un lieu nommé *Harpageia*, ou bien au Promontoire de Dardanie :
fur lui fe précipite l'aigle, Miniftre de Jupiter, ou Jupiter lui-même, fous
la forme de fon aigle, & cet oifeau, le preffant délicatement, pour ne point
bleffer fa proie, l'enlève avec fes ferres jufqu'au plus haut des Cieux (2).
Quel motif de cet enlèvement peut-on prêter au fouverain des Dieux ? Que
fignifie cette Allégorie Poëtique ? Lifez ; mais ne vous flattez pas d'accorder
les fentimens oppofés des Interprêtes. Plufieurs Auteurs, Plaute, Euripide,
Ovide, Martial ont écrit que Jupiter avoit enlevé Ganymède par un motif
criminel (3) ; d'autres prétendent que ce fut feulement pour le fubftituer
à Hébé en qualité d'Échanfon : Apollonius de Rhodes, veut qu'il n'ait été
placé dans les Cieux que pour jouir de la demeure des immortels, dont fa
beauté le rendoit digne d'augmenter le nombre. Il eft des Écrivains qui lui
attribuent cette prérogative à caufe de fa prudence & de la beauté de fon
ame. Cicéron, au premier Livre des Tufculanes, dit, qu'il ne voit rien que de
myftérieux caché fous l'emblême de cet enlèvement ; mais combien de fyftêmes
a fait naître l'envie d'expliquer ces myftères !

Nous nous contenterons de rapporter ce que penfent Noël le Comte &
l'Abbé Bergier. Suivant le premier, la Fable de Ganymède ne fignifie rien

(1) Lucien, (*Dial. IV.* 2. *Deor. dial. XX.* N°. 6) le fait Berger, Virgile nous le
peint Chaffeur *Æneïd. V. v.* 252.

(2) *Val. Flaccus* (*Argon. Lib. II. v.* 414). Stace. (*Thebaïd. Lib. I. v.* 548). Virgile.
(*Loco citat. fupr.*) le font enlever fur le Mont Ida, & Strabon place l'enlèvement à *Harpageia*, (*Lib. XIII. pag.* 587).

(3) Saint Auguftin, *De civit. Dei Lib. VII. Ch. XXVI.* Laftance Divin. *Inftitut Lib. I.*
donnent ce même motif criminel à l'enlèvement de Ganymède. *Ce n'eft pas à ces Écrivains qu'il faut s'adreffer quand il s'agit d'éclaircir les Fables ou des faits de l'Antiquité*
difent les Auteurs de la defcription des Pierres gravées d'Orléans : cependant ces Pères peuvent
être confultés comme témoins des traditions de leurs tems, & comme ils ne font que répéter
ce que Plaute, Euripide, Ovide & Martial ont dit, nous ne voyons pas pourquoi les deux
fçavans Eccléfiaftiques repouffent fi durement l'autorité de ces deux célèbres Écrivains. Ils
n'affirment pas que Ganymède a été enlevé par Jupiter, pour une jouiffance honteufe : ils
ne croyoient pas plus que les deux Académiciens à la vérité de l'enlèvement ; mais, en
parlant des Dieux honteux du Paganifme, ils attribuent à Jupiter l'enlèvement lafcif de
Ganymède, comme plufieurs Auteurs payens le faifoient. Leur témoignage n'eft pas une
explication arbitraire ; mais une preuve de l'opinion reçue alors, & mérite bien qu'on s'y arrête.

autre chofe , finon, que l'homme prudent & fage fe rapproche davantage
de la nature Divine. Ganymède, fuivant le même Auteur, eft l'image de
l'ame qui n'eft belle qu'autant qu'elle ne contracte ni vices ni fouillures, &
que Dieu, lorfqu'elle pofsède cette beauté pure , attire à lui. La fagefle
femble nous identifier avec la Divinité. Verfer à boire aux Dieux, c'eft leur
procurer cette douce volupté que caufe la bonne odeur des vertus. Toujours
le Ciel a foif de nos bonnes actions , & la vie pure & fans tache eft la
boiffon la plus agréable que l'homme lui puiffe offrir pour étancher cette
foif. La beauté de l'ame n'eft pas la feule raifon qui ait fait donner à
Ganymède la réputation du plus beau des hommes : fa fagefle & fes vertus
y contribuèrent plus encore , & l'on fçait combien, fi la fagefle étoit auffi
vifible que nos corps , elle feroit naître d'amour & captiveroit de cœurs.

    Suivant l'Abbé Bergier , « cette Fable eft hiftorique, elle fignifie que dans
» les premiers tems, lorfque les hommes ne fçavoient point encore faire
» de liqueurs artificielles , ils ne buvoient que de l'eau : c'étoit alors Hébé
» qui leur fervoit d'Échanfon. Dans la fuite ayant trouvé le fecret de faire
» des boiffons capables d'enyvrer, ils les préférèrent à l'eau. Γανυμήδης vient
» de Γανος, la joie, le plaifir, & de Μήδης , liqueur, dérivé de Μαδάω : il fignifie
» liqueur ou boiffon qui donne la joie : ainfi Ganymède fut préféré à
» Hébé, & l'on attribua aux Dieux, dans la fuite, ce qu'avoient fait les
» premiers hommes ».

    Venons maintenant à la Statue qui nous repréfente ce jeune Échanfon des
Dieux. *Benevenutto Cellini*, homme autant brave que plein de talens, à la
défenfe du quel *Clément VII* avoit confié le fameux Château Saint - Ange
affiégé par le Connétable *de Bourbon* , l'a reftaurée prefqu'en entier dans le
feizième fiècle. C'eft à lui que nous devons l'aigle que l'on voit aux pieds de
Ganymède. Il répara auffi la bafe, & dans tout cet ouvrage, qui le difpute
à la Nature, ce grand Sculpteur ne fit qu'une faute, qui fut de mettre dans la
main gauche de notre figure, (la droite de l'original), un jeune oifeau que
l'on peut prendre pour le petit de l'aigle, au lieu du vafe qui auroit du défigner
les fonctions du Dieu. Il faut cependant l'avouer, cette faute n'empêche pas de
voir avec volupté cette belle Statue dont n'auroient point rougi les célèbres
Sculpteurs Ariftoclès & Léocharès, qui, tous deux, l'honneur des Arts, ont
fait éclore fous leur cifeau des Statues du même Ganymède.

✕

PLANCHE VÍ.

MINERVE *ERGANÈ*,

ou *Minerve Ouvrière*.

Il ne faut jetter qu'un coup-d'œil fur cette belle Statue de marbre pour reconnoître que l'intention de l'Artiſte a été de repréſenter Minerve, Déeſſe des Arts. Plus on examine enſuite toutes les parties de ce ſuperbe ouvrage, plus on voit que ſon intention eſt remplie, &, même, avec un tel ſuccès que l'on ne peut ſe laſſer d'admirer dans cette produſtion de ſon ciſeau les graces de celui des Grecs fameux qu'il a pris pour maîtres. Quelle douceur dans les traits de ſon viſage ! Comme une aimable gaîté tempère agréable-ment cette mâle gravité qui le décore ! Le caſque ajoute encore à la nobleſſe de la tête, qui ſurmonte un cou gras & arrondi. Quelle dignité dans ſes cheveux, qui, flottant ſans artifice ſur ſes épaules, ſemblent les inonder des flots de leurs boucles naturelles ! Sa poitrine eſt recouverte de l'égide écaillée ſur laquelle eſt placée une tête de Gorgonne, comme un précieux Taliſman. La robe de cette Déeſſe, toujours Vierge, retombe juſqu'à ſes pieds, & ſa tunique, taillée comme celles des jeunes filles occupées à des travaux qui demandent l'aiſance des mouvemens, forme des plis gracieux. L'un de ces plis, au-deſſous du ſein, du côté gauche, vers la hanche, ſemble faire une eſpèce de poche : & ce n'eſt pas ſans motif que l'attentif & intelli-gent Sculpteur lui a donné cette forme. Il vouloit indiquer que, dans une poche ſemblable, Minerve avoit coutume de mettre les pierres qu'elle lançoit contre les Titans, & celle dont elle frappa Hercule au moment où il alloit tuer Amphytrion. Peut-être, auſſi, ne voulut-il que figurer l'endroit où ſe poſoit la navette qui lui étoit conſacrée comme à l'inventrice de l'Art des Tiſſerands, & dans lequel les femmes, à la fin de leurs travaux, venoient dépoſer cette offrande : & delà viendroit alors le ſoin qu'il auroit eu de placer dans ſa main gauche, ſi élégamment reployée, cet inſtrument carac-tériſtique. Sa main droite étendue tient un ſceptre, ſigne de ſa puiſſance. Enfin, on ne peut trop admirer la grace & l'élégance que donnent à tout l'ouvrage les bras que l'Artiſte a conſervés nuds & qui ſont d'une grandebeauté.

La navette & la tunique ſuffiſoient, ſans doute, pour faire reconnoître dans notre Statue la Minerve *Ouvrière* ou *Inventrice*, que les Anciens déſignèrent ſous le nom d'*Erganè*. Rien de plus impénétrable, au jugement de tous les

Sçavans, que l'énigme de la naiſſance de Minerve, & rien conſéquemment de plus naturel que le deſir d'en connoître la ſolution. Réuniſſons donc premièrement les traits principaux de la Fable : nous offrirons enſuite quelques-unes des interprétations ingénieuſes que lui donnent les hommes les plus habiles, & que nous ferons devancer par celle du profond M. Bergier, que les Lettres ſe glorifient autant d'avoir pour ami, que la Religion le chérit comme ſon défenſeur. Nous commencerons par cette explication, parce qu'elle ſe rapproche davantage du titre que nous aſſignons à notre Statue.

La pluralité des Minerves, conſtatée par un paſſage de Cicéron, eſt l'origine de la diverſité des Pères que les Théologiens du Paganiſme ont donnés à Minerve. Les uns la font naître de Neptune & du lac Triton : les autres la donnent pour fille à Vulcain : il en eſt qui prétendent qu'elle eſt fille du Ciel : Saturne, chez quelques-uns, eſt ſon père ; chez d'autres, c'eſt Cranaus, c'eſt Pallas & Titanyde fille de l'Océan qui ont cet honneur : ſuivant l'opinion la plus commune, c'eſt Jupiter que l'on doit regarder comme l'Auteur de ſes jours ; encore raconte-t-on diverſement la manière dont il fut ſon père. Jupiter, dit-on, épouſa *Métis*, qui étoit la plus vertueuſe fille du monde ; mais lorſqu'elle fut ſur le point d'accoucher, ayant appris du Ciel qu'elle alloit mettre au monde une fille d'une ſageſſe conſommée & un fils à qui les deſtinées réſervoient l'empire de la terre, il la dévora, & quelque tems après, ſe ſentant une grande douleur de tête, il eut recours à Vulcain, qui, d'un coup de hache, lui fendit le cerveau, d'où Minerve ſortit toute armée, & d'un âge aſſez avancé pour pouvoir ſecourir ſon père dans la guerre contre les Géans. Il y a des Auteurs qui veulent que Minerve ſoit fille de Jupiter & de Coryphé, fille de l'Océan, que les Arcadiens nommoient Corie. Jupiter, ſuivant d'autres Écrivains, étoit déja marié avec Junon, & la ſeule ſtérilité de ſon épouſe lui fit prendre le parti de devenir père par d'autres voies. Minerve a les yeux bleus ou *pers* ; ſon égide eſt d'une peau de chèvre ſur laquelle ſe voit une tête de Gorgonne : celle de Méduſe eſt ſur ſon bouclier. Le caſque qui orne ſa tête eſt quelquefois ſurmonté d'un dragon, ou d'un coq ou d'une queue de cheval. Cette Déeſſe concourut avec Vénus & Junon pour le prix de la beauté. Le coq & la chouette lui étoient conſacrés ainſi que l'olivier, que, ſuivant la Fable, elle fit, d'un coup de lance, ſortir de la terre au moment où, diſputant avec Neptune, à qui donneroit ſon nom à Athènes, celui-ci d'un coup de trident avoit produit un cheval, qui parut moins utile que l'arbre de Minerve aux douze grands Dieux choiſis

pour arbitres de ce différent. Toujours Vierge , toujours pure , elle ne fe
dépouilla point aux yeux du Berger Pàris. Elle fçut réfifter aux violences de
Vulcain : & , ne voulant pas qu'un mortel put fe glorifier de l'avoir vue
fans voile, elle rendit aveugle Tiréfias qui l'avoit apperçue dans fon bain.
On attribue à Minerve l'invention des Arts, de l'Architecture civile & navale.
L'ufage de la quenouille lui eft dû. Les ouvrages à l'aiguille font pour la première fois fortis de fes mains, qui ont auffi les premières tiffu la laine, le
fil & fait des tapifferies.

　　M. Bergier, dont nous avons dit que nous citerions en premier le fyftême
fur cette Fable, regarde Minerve comme un perfonnage allégorique, & n'explique conféquemment fon hiftoire fabuleufe que dans un fens figuré. D'abord,
il veut que fon nom qui eft A'θήνη chez les Grecs, Ο'γγα ou Ο'γκα chez les
Thébains, *Neith* chez les Égyptiens, & *Minerva* chez les Latins, ayent tous
une même énergie & foient analogues aux fonctions de cette femme divinifée.
La culture des Arts exige une application & une efpèce d'attache à ce que
l'on fait; dès-lors il n'eft point furprenant que le nom de Minerve ait pour
racine celle des mots qui fignifient *lien, lier,* &c. or cette racine fe trouve
dans les noms donnés à Minerve : A'θήνη qui eft le même qu'l'θάνα , dans
Héfichius, *Atouna* en Chaldéen, qui fignifient lien, & τείνω, ferrer. Θείνειν
dans Héfichius , veut dire être occupé. Il fait par contraction Θηείν qui eft
la racine d'A'θήνη.. Ο'γγα, Ο'γκα n'eft point différent de l'Hébreu *Hagag*, du
Grec A'γω & du Latin *Ago*, qui tous fignifient agir, être occupé, penfer,
méditer... *Neith* eft le même que Νητὸς, filé ou affemblé... *Minerva* eft formé
de deux racines fynonymes qui ont le même fens. La Déeffe qui préfide
tout à la fois aux Sciences, aux Arts & fur-tout à la Tifféranderie, a donc
naturellement ces noms. C'eft par cette même raifon, fans doute, que ces
fameufes Ouvrières en toile, punies pour avoir méprifé les fêtes de Bacchus,
furent appellées les Mineïdes ou filles de Minée. Les Villes font comme un
lien qui retient les habitans ; Athènes peut donc comme A'νθάνα de Laconie,
Ε'νθηναι de Carie, *Atina* d'Italie, *Athenæ Diades* de l'Ifle d'Eubée, tirer fon
nom d'A'θήνη : & ce ne fut dès-lors que la vanité qui fit dire aux Athéniens,
que Minerve, leur Déeffe titulaire, avoit donné le fien à leur Ville. Trois raifons,
fuivant le même Auteur, ont fait confacrer l'olivier à Minerve : la liqueur
qu'il produit eft graffe & tenace : ἐλαία, ἴλαιον, *oliva*, *oleum* font analogues
au Verbe A'λεω, lier, affembler, qui a la même fignification que la racine
du nom de cette Divinité. C'eft par une fuite de la culture & de l'induftrie

que vient l'olivier & qu'on exprime le jus de fon fruit ; la Déeſſe des Arts &
de l'induſtrie fut donc cenſée l'avoir fait fortir de la terre, & dès-lors il lui
fut conſacré ; enfin l'huile fert aux lampes que les Ouvriers laborieux employent la nuit : ce qui peut être l'origine de la conſécration de l'olivier à la
Déeſſe *Ouvrière*. Ce dernier raiſonnement étaye d'autres conjeЄtures du Sçavant
que nous ſuivons. Le chant du coq éveille les Ouvriers avant qu'il ſoit
jour, il les appelle à leurs travaux ; le coq fut donc conſacré à Minerve,
& ſon caſque fut décoré de l'image de cet animal vigilant. La chouette
voit la nuit, les grands Travailleurs font ſervir la nuit comme le jour à
leurs occupations ; leur Divinité eut donc comme attribut diſtinЄtif & comme
oiſeau conſacré la chouette, dont le nom même ſervit à la caraЄtériſer, puiſ-
qu'on la ſurnomma Γλαυκῶπις, *yeux de chouette*, & comme le mot Γλαυκῶπις
ſignifie auſſi des yeux *pers*, Minerve fut appellée la Déeſſe aux yeux *pers* ou bleus.
Le talent de pénétrer dans les choſes les plus obſcures que poſſédoit la
Déeſſe des Sciences & des Arts, a pu contribuer plus encore à cette fine
alluſion. Quant à l'égide qui couvre la poitrine de Minerve, ſon origine eſt
bien ſimple, ſuivant le même Auteur, au rapport d'Hérodote, *Liv. IV, p.* 278,
les femmes de Lybie portoient par-deſſus leurs habits une peau de chèvre
ſans poil, peinte en rouge & bordée de franges ou de cordelettes qui reſſem-
bloient à des ſerpens. Comme on ſuppoſe que Minerve étoit née en Lybie
ſur les bords du lac Triton, l'on crut qu'il falloit l'habiller comme les
femmes de ce pays-là. Cette peinture rouge ornée de franges fut priſe pour
la tête de Méduſe coëffée de couleuvres, & l'on repréſenta ſouvent Minerve
avec cette tête ſur ſa cuiraſſe. Enfin, M. Bergier nous explique comment on
a pu feindre que la Déeſſe de l'induſtrie fut ſortie du cerveau de Jupiter,
puiſque l'eſprit & l'induſtrie réſident ſpécialement dans la tête & ne ſe
manifeſtent qu'en en ſortant, pour ainſi dire. Cette idée poétique ayant
fait donner à Minerve le nom de Τριτογίνεια, le même Sçavant explique
facilement par les étymologies, pourquoi l'on a fait Minerve fille *de Coryphée*
ou Κὸρυφὴ, qui ne ſignifie autre choſe que le ſommet de la tête ; ou fille
du lac Triton, parce que Τριτὼ chez les Athamanes, les Crétois, & dans le
dialeЄte Eolien, vouloit dire la tête, ou enfin fille de Cranaüs, dont la ſigni-
fication eſt la même. Juſqu'ici nous n'avons ſuivi que l'explication du doЄte
M. Bergier : combien d'autres interprétations s'offrent maintenant à nos yeux !
Il eſt des Auteurs qui croyent reconnoître dans l'hiſtoire de Minerve des traces
frappantes du premier des Myſtères de la Religion Chrétienne, qu'ils penſent

avoir été connu des Payens à l'aide des Livres de Moyfe , dont les Égyptiens & les autres Peuples voifins avoient porté la connoiffance dans la Grèce.
Leur imagination , pieufement échauffée , crut entrevoir des traits lumineux,
dont l'enfemble fixé reproduifoit la génération du Verbe égal au Père qui
l'engendroit, ce Λόγος, cette parole qui avoit créé toutes chofes, & par laquelle
l'Être fouverain avoit tout produit. Le P. Tournemine, dont tel eft le fyftème,
va plus loin encore : il eft perfuadé que le ferpent, dont les Vierges, qui fervoient Minerve , portoient l'image dans leurs Proceffions, ne pouvoit rappeller
que celui par lequel Eve fut féduite; mais fans mêler le Prophane au Sacré,
fans vouloir retrouver des vérités éternelles dans des hiftoires imaginaires,
ne pourroit-on pas admettre la manière de voir de Noël-le-Comte qui ne croit
reconnoître dans toute la fable de Minerve qu'une allégorie de la Sageffe? La
Sageffe alors, qui eft une production divine & le vrai préfent des Cieux, feroit
cenfée naître du cerveau de Jupiter; & comme elle eft ordinairement le
fruit de l'expérience & des peines, ce n'eft qu'à l'aide de la hache de Vulcain
qu'elle peut voir le jour : elle fort toute armée du cerveau fécond de la Divinité , parce que jamais une ame fage n'eft prife au dépourvu par les évènemens de la vie, & qu'elle feule nous donne la force & la patience qui nous
les font vaincre. Cette Divinité eft née fans mère; rarement la Sageffe eft la
vertu des femmes. Minerve n'eft fuppofée garder une éternelle virginité que
parce que la Sageffe eft la mère de la tempérance & de la force, parce que
les plaifirs des fens font les ennemis de la Sageffe, & que la volupté des corps
affoiblit les puiffances de l'ame : & les Géans que la Déeffe a combattus ne
font que les paffions que cette vertu fçait vaincre. L'égide ornée d'une tête
garnie de ferpens annonce la Prudence, dont le ferpent eft le fymbole, &
qui eft la cuiraffe la plus impénétrable aux traits de la fortune & un abri
contre l'adverfité. Cette égide rendoit Minerve formidable; rien n'eft, en effet,
plus terrible aux yeux du fcélérat que la vue du Sage. L'ufage de l'huile eft
néceffaire à ceux, qui veillent pour acquerir la Sageffe, & Minerve eft dite
avoir fait naître l'olivier. Si Tiréfias perd la vue pour avoir apperçu Minerve
fans voile : fi le don de Prophétie eft le dédommagement de fa cecité, n'eft-ce
pas pour indiquer que, dès que l'on a pu voir la Sageffe, l'on devient aveugle
pour tous les objets frivoles, & qu'en nous faifant prévoir tout ce qui peut
arriver, & nous mettant en garde contre les évènemens, elle nous dédom-
mage des facrifices qu'elle nous fait faire & des privations fenfuelles qu'elle
nous caufe?

Dans

Dans la fable de Minerve, les Phyficiens ont auffi trouvé les emblêmes des opérations de la Nature. Minerve, fuivant eux, eft le Soleil. La finuofité de fon cours dans tous les fignes du Zodiaque a fait imaginer les ferpens qui lui font donnés pour chevelure : cette tête de Gorgone, qu'on ne peut fixer fur la poitrine de la Déeffe, eft la lumière du Soleil que l'œil humain ne peut pas foutenir. La partie fupérieure de l'air eft défignée par le cerveau du fouverain des Dieux d'où Minerve fort tout armée. Mais ne nous arrêtons pas plus long-tems à des interprétations que chacun peut faire à fon gré, & paffons à l'examen d'une autre Statue de la même Divinité que l'on trouve encore dans le Mufeum des Médicis, & qui fait les délices des Connoiffeurs.

PLANCHE VII.

MINERVE *CALLIMORPHOS.*

STATUE DE BRONZE.

Pline nous apprend, que Phidias, le plus excellent des Sculpteurs de la Grèce, auquel Athènes devoit fes plus belles Statues, avoit fait une Minerve d'une fi grande beauté, que la correction de fes contours & l'enfemble de fes graces l'avoit fait furnommer *Callimorphos*, ou la Minerve *aux belles formes.* Plus nous confidérons ce bronze fuperbe, quoiqu'endommagé par le bas, que conferve le Mufeum des Médicis, & qui repréfente une Minerve de grandeur naturelle, moins nous pouvons douter que l'Artifte habile qui a fondu cet ouvrage ait pris la Statue même de Phidias pour modèle. *M. Winkelmann en trouve la tête belle & bien confervée.* Eh ! quelles beautés cette tête n'a-t-elle pas ? Tous les traits du vifage concourent à le rendre gracieux : le cafque loin d'infpirer la terreur, femble attirer l'admiration. L'Artifte ingénieux a fçu n'en pas recouvrir le front : il ne vouloit pas qu'il le cachât, ou que fon ombre altérât la férénité que lui avoit donnée fon docte cifeau. Avec quelle grace les ferpens qui bordent l'égide font-ils difpofés ! Rien de plus élégamment arrangé que fes vêtemens. Le bras gauche, comme celui de Jupiter paifible, dont nous avons parlé Planche I, eft enveloppé, & le droit que l'on a fuppléé femble deftiné à tenir, non pas une lance, quoiqu'attribut affez ordinaire de Minerve ; mais une pomme, par allufion à celle

Tome III,   C

qu'elle tenoit dans une Statue dont l'Anthologie fait mention, ou à ce beau fruit du jardin des Hefpérides, dont Hercule lui avoit fait don.

PLANCHES VIII & IX.

APOLLON, *CÆLISPEX.*

La Statue, que nous avons fous les yeux, avoit été placée dans les jardins des Médicis à Florence, d'où elle a été transférée au Mufeum, avec d'autres Statues fuperbes qui, plus long-tems expofées aux injures de l'air, en auroient été la proie, ainfi que la belle Statue de Minerve Guerrière, dont on ne connoît plus que quelques débris, & qui, non-feulement, étoit admirable par elle-même, mais encore par fes acceffoires, entre lefquels on remarquoit le bouclier que portoit le bras gauche, & fur lequel étoit exécuté en relief le combat des Lapithes. C'eft aux foins & au zèle pour les Arts de *Sébaftien Blanchi*, & de *Jean-Baptifte Foggini* habile Sculpteur & Architecte Florentin, que l'on doit ce tranfport. Ah! fi jamais un luxe immodéré n'eut fait placer dans des jardins les rares productions des Grecs & des Romains, nous n'aurions pas à gémir fur la perte de tant de chef-d'œuvres : les Cabinets des Princes poffëderoient de plus nombreufes richeffes en ce genre : & l'Hiftoire de l'Antiquité ne fe trouveroit pas privée d'une partie de fes plus précieux monumens.

Dans l'énumération foigneufe que *Publius Victor* a faite de tous les beaux ouvrages qui embelliffoient Rome, cet Auteur fait mention d'une Statue d'Apollon *Cælifpicis* ou *Regarde-Ciel*, qui fe trouvoit dans le onzième quartier de cette Ville : & Bernard *Oricellari*, Patricien de Florence, indique l'origine de ce furnom dans le Commentaire Latin, dont il a enrichi ce même Écrivain, Commentaire que l'on a cru long-tems perdu ; mais qu'a retrouvé (1) l'illuftre Abbé *Gabriel Riccardi*, auffi célèbre par fon érudition que par fa naiffance. Suivant ce fçavant Commentateur, la pofition que le Sculpteur a donnée à la tête d'Apollon a été la feule caufe de ce nom, comme beaucoup d'autres Statues ont été défignées par les noms ou de leurs Auteurs,

(1) Le célèbre *Gori* annonçoit en 1731, (*Mufei Florentin. Statuæ antiq. Tabul. VIII & IX. p.* 10) une édition de ce Commentaire d'*Oricellari* & du texte de *Publius Victor* revu & corrigé d'après beaucoup de Manufcrits : on devoit y trouver jointes les notes du fçavant Éditeur : nous ignorons fi cet ouvrage a paru.

ou de ceux qui les ont fait élever, ou des lieux qu'elles décoroient : ce qui étoit d'autant plus néceſſaire alors, que leur multitude eut pu les faire confondre, dans un pays où, pour nous ſervir de l'expreſſion même d'*Oricellari*, leur grand nombre donnoit l'idée *d'un ſecond peuple de bronze, de marbre & d'yvoire.*

En voyant l'élégance exquiſe & la beauté de notre Apollon, on aime à croire que c'eſt la Statue même dont parle *Publius Victor* : & l'on ne ſe permet pas de douter que c'en ſoit au moins une copie parfaite. L'accord de toutes les parties de ſon corps plein de *dignité*, plein de *vénuſté*, forme une harmonie ſublime. On voit raſſemblées & la force d'un ſexe & les graces de l'autre. Avec quelle molle facilité la tête ſe tourne vers les Cieux ! Comme ces longs cheveux flottent agréablement ſur les épaules ! Quel art ! quel travail admirable dans les bras, dont l'un eſt ſi naturellement élevé, & l'autre, appuyé ſur un tronc d'arbre, tient ſi noblement une torche allumée ! Quelques perſonnes ont cru que cette Statue repréſentoit Prométhée plutôt qu'Apollon. La poſition du doigt montrant les Cieux, & le flambeau brûlant les ont ſéduites : elles s'imaginoient que le Sculpteur avoit voulu faire le fils de Japet &, pour le déſigner, l'avoit armé du feu qu'il avoit pris au Ciel que ſa main indiquoit. L'inſpection des cheveux noués ſur le front (1), & le ſouvenir des fonctions du Dieu du jour (2), qu'annonçoit la torche ardente, euſſent dû ſuffire pour diſſiper leur erreur.

Apollon a-t-il exiſté ? L'hiſtoire de ce Dieu n'eſt-elle qu'une allégorie ? Nous ne ſommes pas aſſez hardis pour affirmativement le décider. Cicéron diſtingue quatre Apollons qu'il donne pour des perſonnages réels. Lactance (3) qui, ſuivant l'Abbé Banier, *connoiſſoit parfaitement* (4) *les Antiquités de la*

---

(1) Dans les anciens monumens, & ſur-tout dans une Statue que l'on voit à Rome aux jardins des Médicis, les Artiſtes ont ainſi diſpoſé les cheveux *qui ſemblent*, dit M. Winkelmann, *attachés négligemment ſur le ſommet de la tête par la main des Graces.*

(2) Dans une des Pierres gravées du Muſeum des Médicis, on voit Apollon monté ſur un char, tenant une torche pour éclairer l'Univers.

(3) *Apparet Herculem, Apollinem, Liberum, Mercurium, Jovem que ipſum cum cæteris homines fuiſſe : quoniam ſunt ex duobus ſexibus nati, &c.* Lact. *de falſâ religione* C. VIII. Lib. I. Quant aux parens & aux crimes d'Apollon, &c. *voyez* le même Lactance C. X.

(4) L'Abbé Banier. La Mythologie & les Fables expliquées par l'hiſtoire. *Tom. II. Liv. I.* C. XV. p. 219.

Grèce, *prouve aux Payens que leur Apollon n'étoit qu'un homme dont on nommoit les parens, & dont les crimes, malgré mille bonnes qualités, n'étoient que trop connus. Voffius,* & mille autres Sçavans après lui, ne regardent ce Dieu que comme un perfonnage métaphorique. Pour nous, fans nier l'exiftence d'un ou de plufieurs Apollons, nous allons faire un abrégé de ce que les Poëtes, vrais Théologiens du Paganifme, ont raconté fur ce Dieu, & nous en rapprocherons enfuite quelques-unes des plus heureufes interprétations.

Apollon paffoit le plus généralement pour être fils de Jupiter & de Latone, & frère de Diane. Phœbus étoit le nom qu'on lui donnoit dans le Ciel, où il conduifoit le char du Soleil traîné par quatre chevaux. On le regardoit comme le Dieu de la Poéfie, de la Mufique & des Arts : les neuf Mufes l'avoient pour Chef, &, le Parnaffe, l'Hélicon, le Piérus, les bords d'Hyppocrêne & du Permeffe faifoient leur habitation commune. Chaffé du Ciel pour avoir tué les Cyclopes qui avoient fourni à Jupiter les foudres dont il avoit frappé Efculape, Apollon fe retira chez Admète dont il garda les troupeaux que pilla Mercure contre lequel il ne put lancer fes flèches, parce que le même voleur les lui avoit dérobées. Ce Dieu fit périr par fes traits l'armée des Grecs devant Troye. Toute la famille de Niobé reffentit les effets de la colère de Latone par la vengeance que tira d'elle Apollon fecondé par Diane fa fœur. Il tua le ferpent Python. Il vainquit Marfyas & l'écorcha : & fit beaucoup d'autres exploits. De tous côtés s'élevoient des Temples à fon honneur : fes Oracles étoient célèbres, &, des lieux où ils fe rendoient, on fit des furnoms à ce Dieu. Apollon ne fut pas heureux dans fes liaifons & fes amours : il fut obligé de fe changer en Berger pour féduire Iffé fille de Macarée : il tua Hyacynthe en jouant au Difque avec lui : Daphné ne voulut jamais fe rendre à fes vœux, &, fourde à fa voix, elle fut métamorphofée en laurier. Le loup, le coq & l'épervier, parmi les animaux, lui étoient confacrés.

Pour fuivre l'ordre tout naturel irons-nous d'abord, comme l'Abbé Banier, chercher dans l'hiftoire l'explication de la fable d'Apollon ? Mais nos plus récents interprêtes de la Mythologie femblent nous le défendre, ils traitent de rêves les explications de ce docte Abbé : l'envie feule de rapprocher l'Hiftoire de la Fable eft à leurs yeux une *abfurdité.* Le defir de tout allégorifer feroit devenu général, & nous tiendrions encore au vieux tems ! Non. Laiffons le trop antique Académicien enter tous les Apollons fur l'Apollon d'Égypte fils d'Ofiris & d'Ifis, & nourriçon de Latone, au rapport d'Hérodote :

qu'il cite avec foin la manière particulière fuivant laquelle le Chevalier Marf-
ham claffe notre Prince-Dieu dans fes Dynafties d'Égypte : qu'il faffe voir
que la Théologie des Grecs fur ce Dieu eft la copie de celle des Égyptiens :
qu'il s'épuife à chercher de tous côtés des faits pour les préférer à des allégories : quoiqu'en bien des points il puiffe avoir raifon, nous nous rapprocherons des idées plus généralement reçues : il ne faut pas heurter de
front les opinions communes , quand on cherche à ne pas déplaire. Avant
de citer cependant les plus raifonnables allégories que l'on ait cru découvrir
dans le tiffu de la fable d'Apollon, comme on en voit dans toute la Mythologie,
difons bonnement, quitte à paffer pour un peu Gothiques , que le goût pour
ce genre d'interprétations nous fera bientôt douter de l'exiftence de tous les
Anciens, dont l'hiftoire nous fournira des difficultés, & qu'infenfiblement père
des fyftêmes les plus ingénieux, mais auffi incertains les uns que les autres,
nous craignons bien qu'il ne nourriffe encore un fcepticifme déjà trop univer-
fel (1).

Mais revenons à notre Apollon. Quelle allégorie cache donc la fable de ce Dieu ?
Selon *Voffius*, jamais il n'y eut d'autre Apollon que le Soleil. On ne le dit fils de
Jupiter que parce que l'on regardoit Jupiter comme le Créateur du Monde. Latone
paffoit pour fa mère, parce que le nom de Latone fignifie *caché*, & qu'avant que
le Soleil eut parut, tout étoit caché dans les ombres épaiffes du chaos. Si pour
lieu de fa naiffance on lui affigne Délos, c'eft que ce nom veut dire mani-
feftation, & qu'à l'éclat de la lumière de cet Aftre, tout l'Univers s'eft mani-
fefté. Apollon n'eft repréfenté toujours jeune que parce que le Soleil ne vieillit

---

(1) « Je ne trouve rien de plus fatisfaifant, dit l'Abbé *Lenglet* (*dans fa méthode pour*
» *étudier l'Hiftoire, Chap. X.*) que de pouvoir trouver l'accord de toutes les hiftoires ;
» c'eft par-là qu'on peut éviter le *Pyrrhonifme hiftorique* trop ordinaire à ceux qui fe
» livrent à une érudition fi variée , fi curieufe, fans prendre fur eux le tems de faire les
» réflexions néceffaires pour murir & digérer leurs Lectures ». M. l'Abbé *Guerin du Rocher*,
ce vrai Sçavant, dont la modeftie eft auffi rare, que fes connoiffances font étendues ; a
déja fait partie de ces rapprochemens fi intéreffans. Que ne poffédons-nous ceux qu'il
annonce (*Hift. des tems fab. Tom. I. pag. 93*), fur les Mythologies ! Nous citerions
avec bien du plaifir fes heureufes & vraifemblables interprétations des Fables : mais nous
fommes malheureufement forcés à ne pouvoir que défirer la publication de ce travail, qui
prouvera, fans doute, à tous nos Chercheurs d'Allégories, que les Fables font plus près
de l'Hiftoire qu'ils ne le penfent, & que ce n'eft point une *abfurdité*, comme le dit *Court
de Gebelin*, de les y chercher.

point, & ne fçauroit s'affoiblir. Les rayons que lance de tous côtés cet Aftre
étincellant, ont fait naître l'idée de fon arc & de fes flèches, comme ils lui
ont fait fuppofer une blonde chevelure. On ne lui donne point de barbe,
parce qu'il eft toujours orné de fes rayons qui font les longues boucles de
fes cheveux, & que c'étoit un ufage ancien de les couper au moment où
la barbe commençoit à ombrager le menton. Les plantes que la Médecine
emploie, ne reçoivent toutes leurs vertus que de l'influence du Soleil : dès-
lors on a fait Apollon Dieu de la Médecine, & par une fuite naturelle on
l'a donné pour père à Efculape qui ne fut cenfé tué par Jupiter, que parce que,
Médecin habile & guériffant les autres, il n'avoit pu fe guérir & fe pré-
ferver de la mort. Le Soleil femble être l'œil de la Divinité : il éclaire tous les
objets, il pénètre avec fa lumière ce qu'il y a de plus obfcur, & conféquemment on a fait d'Apollon le Dieu de la divination & le père des plus
fameux devins. S'il paffe pour être le Dieu de la Mufique, c'eft que, fuivant
Orphée & Pythagore, en dirigeant le cours des fphères céleftes, il eft cenfé
produire la plus douce harmonie & le plus beau concert. S'il préfide aux
Mufes, c'eft que le Soleil influant fpécialement fur la nature de l'homme,
femble produire les différens tempéramens qui nous portent aux différens
genres que cultivent les Mufes. Le laurier eft confacré à Apollon, parce que
cet arbre conferve toujours fes feuilles & repréfente ainfi la chevelure du
Dieu. L'olivier ne croît pas dans les endroits où le Soleil ne fait point fentir
fa chaleur, l'olivier paffa donc pour être fon arbre chéri. Le cygne, à caufe
de fon chant, a dû être l'*oifeau* facré d'Apollon, comme Dieu de la Mufique.
La cigale, Prophéteffe du Printems, comme l'appelle Anacréon, a dû être
confacrée au Dieu de la Divination, ainfi que le corbeau que l'on regardoit,
fuivant fon vol, comme le héraut de l'air, & l'augure du bon ou du mauvais
tems. Quant au loup qui fut auffi confacré à Apollon, plufieurs motifs peuvent en avoir été caufes : fa vûe perçante qui repréfente une des qualités des
rayons Solaires ; fon inimitié pour les troupeaux, qui dès-lors a du le faire
immoler au Dieu des Bergers : fes courfes matinales qui commencent au lever
du Soleil ; enfin l'éthymologie de fon nom λύκος qui vient de λύκη, lumière
dont le Soleil eft la fource.

M. Bergier pour interpréter la fable d'Apollon, a recours aux différentes
fignifications des mots Φοῖβος & Ἀπόλλων, & dans les équivoques de l'ancien
Grec trouve une clef bien fimple de l'étonnante hiftoire de ce Dieu. Φοῖβος peut
fignifier un enfant déjà grand, un jeune homme : Ἀπόλλων dérivé de πολλὸς,

fignifie grand , puiffant : voilà pourquoi nous voyons toujours Apollon paffer pour jeune , & repréfenté fous les dehors de la plus aimable jeuneffe : voilà même la raifon qui lui fait donner pour mère Latone, qui n'eft autre chofe que la fécondité.

A'πόλλων peut fe rapporter à πάλλω , chaffer, pouffer, lancer : πολλὴ dans Héfychius eft un Carquois : πολλοὶ fignifie des Archers ; nous voyons donc Apollon, frère de Diane, paroître fous les traits d'un Chaffeur qui paffe pour le plus habile à tirer les flèches. « Il a encore rapport à la fignification fuivante : les » rayons du Soleil font comme des traits de lumière & de chaleur qu'il darde de » toutes parts. L'armée des Grecs périt devant Troye, par les traits d'Apollon , » c'eft-à-dire , par une contagion que la chaleur exceffive du Soleil a cau- » fée ».

Φοῖβος peut fe rendre par les mots *pur, clair,* épithètes qui conviennent parfaitement au Dieu de la lumière : & fi l'on dérive A'πόλλων de πολέω tourner, on reconnoîtra l'une des qualités du Soleil qui eft le même qu'Apollon.

L'application de Φοῖβος à la Divination a fait Apollon Dieu des Devins & de la Magie, « & comme la Poéfie & la Mufique paffoient pour une efpèce de Divi- » nation, les Poëtes & les Muficiens pour des hommes infpirés, on n'a pas » manqué d'affocier Apollon aux Mufes & de le faire préfider à leurs con- » certs ».

De πολεύειν qui fignifie *guérir,* rendre la fanté , M. Bergier fait dériver encore le nom d'Apollon & le titre de Dieu de la Médecine.

De πολεῖν dont le fens eft *paître, nourrir,* Apollon dérivé devient Berger; s'il conduit les troupeaux d'Admète, cela ne fignifie rien autre chofe, dit le même Sçavant, « finon que le Soleil banni du Ciel pendant l'hyver par les » nuages & par les pluies, laiffe glacer les eaux & les retient ainfi comme » enchaînées ».

Nous pourrions nous arrêter ici plus long-tems : & , grace aux Écrivains que nous confultons, indiquer quelques interprétations des différens traits de l'hiftoire fabuleufe d'Apollon dont nous n'avons point encore parlé ; mais nous trouverons, en expliquant les Statues fuivantes, l'occafion de réunir, fans fatiguer, les principales opinions des Sçavans fur ces objets.

PLANCHE X.

APOLLON, *INVICTUS.*

Les anciennes Médailles & les Sculptures antiques nous repréfentent fouvent Apollon nud, debout, le bras gauche appuyé ou fur une lyre pofée fur un autel, ou fur une petite colonne, ou même fur le tronc d'un arbre & foutenant de la main droite un arc qui touche à terre. Nous croirions volontiers que la Statue que nous examinons devroit avoir cette dernière pofition. C'eft donc par erreur que le Sculpteur qui l'a réparée, lui a donné une lyre (1) au lieu d'un arc qui auroit dû être foutenu par la main droite & qui auroit indiqué ou la défaite du ferpent Python, après la chaffe victorieufe duquel Apollon fe repoferoit, ou la vengeance qu'avoit tirée ce Dieu de Niobé & de fes enfans à la prière de fa mère Latone. C'eft pour cette raifon même que nous lui avons donné le furnom d'*Invictus*, titre que nous trouvons fur une Médaille de l'Empereur C. Valérius Licinius, & dans l'infcription d'un ancien autel que cite *Grutter* (2), & qu'il nous apprend avoir été confacré à Apollon. Il eft des Auteurs qui prétendent qu'après la défaite du ferpent Python, Apollon couronné de laurier qu'il avoit pris à Tempé, riante plaine de Theffalie, une branche de ce même arbre à la main droite, étoit revenu

---

(1) On fera peut-être furpris de cette defcription en confidérant la Gravure qui y répond, & en ne voyant point de lyre dans la main du Dieu : nous l'avons été nous-mêmes ; mais nous avons cru devoir fuivre *Gori*, qui avoit la Statue fous les yeux, & dont voici le texte.

Statuarius recentior geftum dexteræ manus, quæ ita conformata eft ut arcum tenuiffe videatur, non confiderans, infiftentem fecit lyræ fuperpofitæ aræ, &c. Gori, Plan. X, *Statuæ antiq. Mufæi Flor.* p. 12.

(2) Voici cette Infcription telle que la cite Grutter pag. XXXVIII. ç.

APOLLINI. INVICTO

SACRVM

M. AVRELIVS M. AVG.

LIB. APOLLONIVS

AGONISTARCHA. COM

MODIANVS.

à Delphes & y avoit établi fon Oracle: & c'eft vraifemblablement par allufion à ce fait que l'habile Sculpteur qui a taillé cette Statue en a couronné la tête d'une branche de ce même laurier. Ce ne feroit pas la première fois qu'un Artifte auroit été dupe d'une erreur. Suivant Ovide, le laurier n'exiftoitpas encore, & Apollon fe couronnoit indifféremment des branches de toutes fortes d'arbres.

La défaite du ferpent Python dont nous venons de parler eft rapportée par Ovide au premier Livre des Métamorphofes. Les eaux du Déluge, fuivant cet agréable Poëte, laiffèrent fur la terre qu'elles avoient inondée, un limon impur qui engendra des monftres. Le ferpent Python fut le plus fameux, & caufa les plus grands ravages aux environs du Parnaffe. Armé de fes flèches, qui, jufqu'alors n'avoient frappé que des daims & des chevreuils, Apollon l'attaqua, & bientôt fous les coups des traits puiffants du Dieu, qui épuifa prefque fon carquois, le monftre expira fe roulant dans un fang noir & venimeux qui fortoit de fes larges bleffures, &, pour que l'oubli ne couvrit pas de fes voiles cette glorieufe victoire, le Dieu Vainqueur établit les jeux Pythiens qui furent depuis célébrés dans la Grèce. Dans toute cette narration fabuleufe, les Phyficiens aiment à reconnoître les effets du Soleil dont les traits, qui font fes rayons, diffipent par leur chaleur bienfaifante les exhalaifons meurtrières du limon que formoit la terre amollie par les eaux. C'eft de la même manière qu'ils expliquent encore la fable de Niobé (1) que nous avons rappellée dans notre explication. La pefte avoit fait périr tous les enfans de Niobé : la pefte avoit été engendrée par les exhalaifons contagieufes de la terre échauffée par la chaleur immodérée des rayons du Soleil, & dès-lors les Poëtes feignirent que les flèches d'Apollon avoient fait périr cette famille infortunée. Si Niobé eft changée en rocher, c'eft, dit-on, l'emblême des triftes effets de fa grande douleur qui la rendît immobile & muette. Si, d'après le fentiment de Paufanias, Mélibée & Anyclée font fuppofées calmer Latone, & par ce moyen échapper à la mort, c'eft qu'elles guérirent de la maladie contagieufe qui leur ravit leurs frères & le refte de leurs fœurs: enfin fi Mélibée fut furnommée *Chloris*, c'eft à raifon de la pâleur qui lui refta toujours à la fuite de fes maux & de fa douleur.

_____

(1) Nous avons connu trop tard les lettres de M. Rabaut de Saint Étienne, pour pouvoir inférer fon interprétation de la fable de Niobé. Cet Auteur à qui M. de la Lande a donné des éloges mérités dans le Journal des Sçavans, ne voit dans cette Fable qu'une hiftoire phyfique racontée dans une langue figurée : nous nous contentons de renvoyer à fon fçavant ouvrage, pag. 149 & fuiv.

PLANCHE XI.

APOLLON, *Inventeur de la Musique.*

La beauté des formes, l'élégance de la taille & les charmes de la jeuneſſe répandus ſur toute cette figure, indiquent que l'habile Artiſte qui l'a faite a voulu repréſenter Apollon. Les attributs qui l'accompagnent déſignent plus ſpécialement encore ce Dieu. De la roche, ſur laquelle il eſt aſſis, pend un carquois d'ouvrage antique qui caractériſe parfaitement l'inventeur de la chaſſe, maître dans l'art de tirer les flèches. Ce carquois eſt, il eſt vrai, fermé d'un couvercle, & le Dieu ne paroît pas en vouloir faire uſage, quoique dans tous ſes membres on remarque un certain mouvement qui annonceroit qu'il eſt prêt à ſe lever; mais cette action, que doit faire interprêter la gaité qui anime le viſage, paroît indiquer le deſir d'exécuter un morceau de Muſique qu'il vient de compoſer. La bandelette qui ceint ſa tête ſe donnoit ordinairement à ceux qui, vainqueurs dans les jeux, remportoient le prix de la Muſique. Les cheveux qui retombent, ſéparés en boucles diſtinctes, ſemblent la couronner. Aux pieds, on voit des eſpèces de brodequins dont les courroies ſont diſpoſées avec art. Callimaque, dans ſon hymne à Apollon, chante les brodequins d'or de ce Dieu, & peut-être l'Auteur de cette Statue avoit-il doré ceux-ci au ſortir de ſon ciſeau. Juſqu'ici nous n'avons encore fait remarquer que les attributs ordinairement donnés à Apollon, & qui ſe trouvent dans ce bel ouvrage; mais ſous le pied droit, (qui eſt le gauche dans cette Gravure), ce Dieu foule une tortue & ſes mains tiennent des tuyaux de flûte, attributs moins communs, & qui rendent la Statue plus précieuſe & plus rare. Peut-être ne veut-on pas reconnoître dans les fragmens que tiennent les mains des débris de flûtes. Ce n'eſt cependant pas ſans de puiſſans motifs que nous l'avons avancé. Quelle autre choſe, en effet, pourroit-on leur faire porter? Les doigts & les mains ſont tellement taillés qu'ils ne peuvent tenir rien que de rond; voudroit-on ſuppoſer que ce fut des reſtes de flèches, de lances ou de ſceptres? Mais outre que la poſition des mains s'oppoſe à cette conjecture, elle eſt entièrement anéantie par la gaité qui règne ſur la figure & qui ne peut pas accompagner des attributs ſérieux; ce ſont donc bien plus vraiſemblablement des doubles flûtes que l'intelligent Auteur avoit miſes dans les mains du Dieu. Nous ſçavons bien qu'on nous objectera que Melpomène, Marſyas, Olympe, Hyagnis, & ſur-tout Minerve, paſſoient pour avoir inventé la flûte ; que cette dernière , en venant à la Table des Dieux , ſe voyant badinée par Junon & Vénus ſur la laideur que lui cauſoit le vent dont elle enfloit ſes joues en embouchant ſes flûtes , les jetta dans les forêts d'Ida ; mais ce n'eſt pas ſans autorités que , par pré-férence , nous regardons Apollon comme inventeur , non-ſeulement de la Muſique ; mais de la flûte & de la lyre. Plutarque , dans ſon Commentaire ſur la Muſique , l'enſeigne expreſſément : *ce ne ſont ,* nous dit-il , *ni Marſyas , ni Olympe , ni Hyagnis qui ont inventé la flûte : nous la devons au ſeul Apollon. Nous lui devons encore la lyre & les autres inſtrumens à corde.* Plutarque donne enſuite pour preuves de ſon aſſertion les danſes & les fêtes qui lui étoient conſacrées & qui ſe célébroient aux ſons des flûtes : il cite une Statue que l'on voyoit à Délos , & dans laquelle ce Dieu avoit à ſa main droite un arc , & à ſa gauche les trois Grâces , dont chacune portoit un inſtrument de Muſique , l'une avoit une lyre , l'autre des flûtes , & celle du milieu ſouffloit dans un flageolet : crainte même qu'on ne l'accuſe d'Inven-ter , pour favoriſer Apollon , le même Écrivain cite les Auteurs ſur leſquels il s'appuie , ainſi que ſur l'antiquité de la Statue dont il parle , & qu'il fait remonter juſqu'à l'âge d'Hercule.

Quant à la tortue que foule le Dieu , par quels motifs l'a-t-on miſe ſous les pieds d'Apollon ? Nous allons tâcher d'en découvrir & d'en indiquer quelques-uns. D'abord , on peut croire que le but de l'Artiſte que nous avons déja dit avoir indiqué ſon Apollon par des flûtes , a voulu par la tortue déſigner qu'il étoit l'inventeur de la lyre , qui dans ſon origine fut faite d'écailles de tortues , ce qui la fit ſurnommer *teſtudo.* Peut-être le Sculpteur après avoir caractériſé par des flûtes le Dieu dont il repréſentoit l'image comme Dieu de la Muſique , a-t-il eu pour but , en mettant ſous ſon pied une tortue , de le caractériſer comme Dieu de la Médecine qui emploie efficace-ment cet animal , dont Pline raconte des effets merveilleux , ſur-tout contre les poiſons.

Ariſtote , Antigone de Cariſte , Plutarque & d'autres Auteurs , ainſi que le remarque Saumaiſe , dans ſes Commentaires ſur Solin , diſent que , lorſque la tortue a mangé de quelque ſerpent venimeux , pour que cela ne lui ſoit point nuiſible , elle mange auſſi-tôt de *l'origan :* Élien y ajoute de la *rue ;* ce n'eſt donc pas ſans raiſon que l'on peut regarder la tortue comme convenant ſingulière-ment à déſigner l'Apollon *ſalutaire & Médecin ,* & ce ſurnom que nous donnons à ce Dieu n'eſt point notre ouvrage , puiſque l'on a découvert à Rome une table votive qui le portoit (1). Les Anciens n'ont pas pour d'autres motifs consacré, la tortue à Esculape (2) : &, si l'on joint la morale au physique, la tortue désigneroit encore la Prudence, & cet art de temporiser si nécessaire à ceux qui exercent la Médecine. Suivant un vieux proverbe Grec, la tortue est le symbole de la Sagesse & de la Vertu.

La tortue ayant été considérée autrefois comme un animal de bon augure, ne pourroit-elle pas être aussi le symbole d'Apollon rendant des Oracles?

Si cet animal qui se cache, en hyver, dans les cavernes & ne paroît que pendant l'autre partie de l'année sur la terre où il se traîne, a été consacré à Cybelle, soit parce qu'il semble toujours ou caché dans son sein ou attaché à lui; soit parce qu'entièrement muet il étoit le signe du Silence que devoient observer les personnes que l'on initioit à ses mystères : s'il a servi d'attribut à Vénus Uranie, comme nous l'a fait remarquer Pausanias dans la Statue de Phydias, pour, ainsi que l'interprête Plutarque, désigner que les femmes doivent garder la retraite & le silence : ne convient-il pas aussi parfaitement à Apollon, considéré comme le Soleil, que les Anciens appelloient *inferus*, lorsqu'il parcouroit les signes d'hyver, & *superus*, lorsqu'il occupoit les points supérieurs du Zodiaque?

La tortue marine a, suivant Élien, une qualité qui peut l'avoir fait choisir pour un emblême d'Apollon. Ce Naturaliste prétend que ses yeux ont l'avantage de répandre un éclat singulier qui s'échappe comme un trait d'éclair ou comme un rayon de lumière, symbole tout naturel de la splendeur du Soleil (3).

---

(1) . . . *Testudo Apollini* SALUTARI ET MEDICINALI *bene convenire potest ; quo inusitato ac nunquam antea audito cognomine in hâc votivâ tabulâ nuper Romœ erutâ decoratur, quam mecum communicavit V. C. Franciscus Victorius ex equestri ordine D. Stephani nunquam satis a me laudandus. Gori, Musei Florentini statuæ antiquæ,* p. 16.

A P O L L I N I

S A L V T A R I

E T M E D I C I N A L I

S A C R V M

(2) Parmi les Pierres gravées qu'a dessinées le célèbre *Bonarotti*, on voit un Esculape dans la main duquel est une tortue.

(3) Élien assure que les prunelles des yeux de tortue sont très-blanches & très-éclatantes, qu'on les enchâssoit dans de l'or, & que les femmes, qui les estimoient beaucoup, s'en faisoient des colliers. *Ælian. Lib. IV, de animal. Cap. XXVIII.*

Quoique nous ayons donné le nom d'Apollon à notre Statue : quoique
même nous foyons convaincus que l'Artifte n'a pas eu d'autre intention que
d'exprimer ce Dieu, & que nous ayons fourni bien des raifons de notre conjecture, nous ne fçaurions cependant blâmer ceux qui croyent que cette belle
figure eft celle de Mercure, & qui s'appuyent fur deux motifs que l'on ne
peut pas dédaigner. Le premier eft que le carquois que l'on voit fufpendu
au roc fur lequel eft affis Apollon, peut défigner celui que Mercure a enlevé
au Dieu Pafteur des troupeaux du Roi de Theffalie. Le fecond eft que la
tortue qui fe retrouve, dans beaucoup de monumens antiques, fous la pro-
teftion de Mercure, doit convenir fpécialement à ce Dieu qui fit de l'écaille
d'une tortue la première lyre connue, fuivant l'autorité des Hymnes attribuées à Homère, que confirment le Poëte *Aratus* dans fes *Phénomènes,*
Hygin dans fon *Aftronomie Poétique*, & plufieurs autres anciens Écrivains.

PLANCHE XII.

APOLLON *PYTHIEN.*

On raconte qu'Apollon, auffi-tôt que Jupiter eut vaincu Saturne & l'eut
forcé d'abandonner fes États, chanta les louanges de fon père. On dit auffi
qu'il célébra de même fa propre viftoire fur le ferpent Python, & le bel
antique que le Mufeum des Médicis offre à notre admiration, eft une preuve
que cette opinion étoit reçue. Affis, cet Apollon tient d'une main la *Cythare*
qu'il parcourt légèrement de l'autre. Sous fes pieds eft un ferpent dont les
plis multipliés annoncent l'énorme longueur, & que le Dieu femble écrafer
encore. C'eft ce ferpent qui nous a fait donner à Apollon le nom de *Pythien.*
Le fçavant Statuaire, en faifant ce bel ouvrage n'a pas épargné fes peines.
Il n'a pas ménagé à fon cifeau la reffource des drapperies : il a voulu déve-
lopper la profondeur de fes connoiffances & l'étendue de fon art qui le difpute
à la Nature. Le Dieu eft entièrement nud, &, pour qu'on pût admirer com-
plettement fes beautés, l'Artifte ne lui a pas même donné la chlamyde que
portoient autrefois les Joueurs de *Cythare*, & que Tibulle invitoit ce même Apollon
à prendre lorfqu'il l'invoquoit à préfider aux fêtes célébrées en fon honneur, quand
Meffalinus fut admis au Collége des *Quindecimvirs*, chargés de la garde des
Livres Sybillins. Mieux inftruit que l'Auteur de l'Apollon *invictus*, notre Statuaire
s'eft bien gardé d'orner la tête de celui-ci d'une couronne de laurier. Il fçavoit
trop bien que ce Dieu ne s'en étoit jamais paré avant la métamorphofe de fa
chère Daphné.

Nous avons déjà dit, qu'en mémoire de la victoire d'Apollon sur le serpent Python (1) les *jeux Pythiens* avoient été institués. Presque aussi solemnels que les jeux olympiques, ils se célébroient en Macédoine, dans un lieu nommé *Pythium*, à *Delphes*, à *Milet* en *Ionie*, à *Magnésie*, à *Sidon*, à *Pergame* & à *Thessalonique* : ceux de Delphes étoient les plus fameux : ils avoient lieu tous les quatre ans, & cet espace s'appelloit *Pythiade*. Les Amphictyons présidoient aux jeux Pythiques & décernoient les prix. « Ces jeux ne consis-
» toient d'abord que dans les seuls combats de Joueurs de *Cythare*, & le meilleur
» hymne en l'honneur d'Apollon méritoit un prix au Vainqueur & une couronne
» de laurier. *Chrysothémis* de Crète, au rapport de Pausanias, fut le premier qui
» jouit de cette victoire : *Philammon*, fils de *Chrysothémis*, & *Thamyris* fils de
» *Phylammon*, l'obtinrent ensuite. *Orphée* si célèbre par ses connoissances & ses
» talens, & *Musée* ne voulurent jamais concourir. *Éleuthére* remporta le prix
» à raison du charme de sa voix, quoiqu'il n'eut pas composé son hymne.
» *Hésiode* n'eut pas un sort aussi heureux : on ne voulut point lui permettre le
» combat, parce qu'il ne sçavoit point s'accompagner avec l'instrument.
» Homère vint à Delphes ; mais en vain eut-il essayé de toucher la lyre,
» sa cécité eut fait refuser la palme à ses chants divins. Vers la troisième
» année de la quarante-huitième Olympiade, époque de la victoire de *Glaucias*
» le Crotoniate, les Amphictyons apportèrent quelques changemens aux jeux
» Pythiques. Le chant accompagné de la Cythare eut toujours son prix ; mais
» ils en instituèrent un pour la flûte & le chant, & un autre encore pour les
» flûtes seules. *Céphallen*, fils de Lampus, remporta le premier : *Échembrote*,
» Arcadien, obtint le second, & *Sacadas* d'Argos mérita le troisième. Plusieurs
» fois même depuis, ce dernier se vit décerner cet honneur. On donna par
» la suite plus d'étendue à ces jeux, & à l'exception du quadrige on y institua
» tous les combats d'Olympie. Les courses du stade simple & du stade double
» furent permises aux enfans. A la Pythiade suivante, on supprima les prix,
» l'on ne réserva pour les Vainqueurs que des couronnes. On n'admit plus
» l'accompagnement des flûtes, qui, trop triste & d'un désagréable augure,
» parut convenir plutôt à des cérémonies funèbres qu'à des jeux. J'ai pour preuve

---

(1) Suivant quelques Auteurs, les jeux Pythiens ont été institués par Diomède en l'honneur d'Apollon. Pausanias dit que les Troéseniens le croyoient ainsi..... *Voyez* sur ces jeux l'essai sur la Musique de M. de la Borde, T. I. p. 82, &c.....

» de ce fait, *ajoute le même Paufanias*, l'offrande que fit Échembrote à Hercule
» d'un trépied de bronze avec cette infcription » *Échembrote l'Arcadien dédia*
ce trépied à Hercule, après avoir obtenu le prix aux jeux des Amphictyons,
où il accompagna avec la flûte les Élégies qui furent chantées à l'Affemblée
des Grecs. « Dans les tems poftérieurs on ajouta la courfe des chevaux aux jeux
» *Pythiques*, & *Clifthènes*, qui fut depuis tyran de *Sicyone*, y fut Vainqueur.
» *Agelas* de Tégée fut couronné pour avoir le mieux touché des inftrumens
» à corde fans s'accompagner du chant, concours que l'on avoit autorifé
» dans la huitième Pythiade. On joignit encore la courfe des hommes armés,
» aux autres combats, & *Timænete* de Phlyafie obtint le laurier. Ce ne fut
» qu'à la quarante-huitième Pythiade que l'on admit la courfe des chars atte-
» lés de deux chevaux, & ceux d'*Exéceftidas* Phocéen le rendirent Vainqueur.
» Cinq Pythiades après, on établit la courfe des chars tirés par quatre Poulains,
» & le quadrige d'*Orphondas* de Thèbes atteignit le premier au but. Plus tard
» on introduifit le *Pancrace* (1), la courfe du Poulain & le char à deux
» Poulains pour les enfans. Le Pancrace n'eut lieu qu'à la foixante-unième
» Pythiade, & *Laïadas* de Thèbes remporta le prix. La Pythiade fuivante
» on vit la courfe du Poulain à laquelle *Lycormas* de Lariffe fut Vainqueur:
» enfin pendant la foixante-neuvième, *Ptolémée* le Macédonien fut déclaré
» victorieux à la courfe des *Biges* (2) ».

---

(1) *Pancrace*, exercice qui faifoit partie de la Gymnaftique des anciens : il étoit compofé
de la Lutte & du Pugilat. Dans la Lutte il n'étoit pas permis de jouer des poings, ni dans le
Pugilat de fe colleter ; mais dans le Pancrace, qui étoit formé de ces deux exercices réunis,
on employoit toutes les forces de fon corps, on fe battoit à coups de poings & à coups de
pieds : on pouvoit, pour vaincre, fe fervir des dents & des ongles..... Plufieurs Auteurs fe
fervent du mot *Pancratium* qu'ils prennent aux Latins. D'autres employent *Pancration* qui
eft le mot Grec : *Pancrace* eft le terme dont fe fert M. *Burette* dans fon Mémoire fur les
Athlètes, *Acad. des Belles-Lettres, T. I. p.* 211.... Le mot tire fon étymologie de παν tout, &
κρατος force, ce qui défigne l'emploi de toutes les forces du corps. *Voyez* Trévoux, *Dictionn.*
aux mots Pancrace, Pancratiaftre, Pancratium.

(2) Nous avons mieux aimé traduire ce morceau entier de Paufanias (Phocic. p. 620 &
fuiv.), que de citer l'abrégé qu'en a fait M. de la Borde dans fon Effai fur la Mufique,
(Tom. premier, pag. 82, &c.) c'étoit le plus fimple móyen de relever quelques inexactitudes
échappées, par inadvertance, à cet eftimable Abbréviateur, dont on ne fçauroit d'ailleurs
trop apprécier les doctes recherches fur un Art qui fait tout à la fois un des agrémens
de la fociété, & qui feconde fi bien l'enthoufiafme naturel des cœurs qui célèbrent les
louanges de la Divinité.

Après avoir dit que les jeux Pythiens furent d'abord célébrés par des combats de Muficiens qui joignoient le chant à l'accompagnement de la *Cythare* ou de la Lyre : en parlant d'une Statue qui repréfente un Dieu touchant ce même inftrument, pourrions-nous ne pas dire quelques mots fur fon origine ? Prefque auffi ancienne que le chant, qui lui-même eft auffi ancien que les hommes, la Cythare ou la Lyre doit fon exiftence à *Jubal*, qui, fuivant Moyfe, vivoit plufieurs Générations avant le Déluge. Les hymnes attribués à Homère, Diodore de Sicile, Horace, Aratus, Hygin regardent Minerve comme inventrice de la lyre. Il eft des Écrivains qui accordent l'honneur de cette invention à Amphion, à Orphée, à Linus; Anacréon & Plutarque, dont nous avons adopté le fentiment, en expliquant la Planche précédente, difent que c'eft Apollon qu'il faut en regarder comme l'Auteur. Quoiqu'il en foit, cet inftrument a beaucoup varié par la forme & le nombre des cordes. Diodore de Sicile prétend, que la lyre inventée par Mercure n'en avoit que trois. Homère lui en donne fept, ainfi qu'Horace; Pindare lui en donne autant, & Virgile peint la lyre d'Orphée remarquable par les fept tons que produifoient fes cordes. Feftus Aviénus dit que la lyre d'Orphée en avoit neuf, fuivant le nombre des Mufes, & que celle de Mercure n'en avoit que fept, conformément à celui des Pléïades. *Thimothée* de Milet ajouta quatre cordes à la lyre d'Apollon, & cette innovation le fit bannir de Sparte par un décret des Éphores, qui regardoient comme trop efféminés les accords qu'elle pouvoit alors produire; mais cette punition n'arrêta pas le goût des Muficiens habiles, & le nombre des cordes augmenta tellement que la lyre en offrit quarante aux doigts habiles d'*Épygonius*.

Montée d'abord fur une écaille de tortue parfaitement vuidée & recouverte d'une peau très-fine, la lyre étoit furmontée de deux cornes de chèvre, ou fimplement d'un manche ; un rofeau divifé en deux parties y étoit adapté, on y attachoit fept cordes tendues de haut en bas. On lui donna d'autres formes par la fuite : des monumens antiques nous la repréfentent fous la figure d'une Violon : dans un bas-relief au Palais Spada à Rome, on en voit une à fept cordes, dont la partie inférieure eft circulaire, furmontée de deux efpèces de cornes; & fur quelques autres monumens de la même Ville on en voit une à dix cordes, dont la bafe a la forme d'un piédeftal. La lyre de Pythagore de Zarathe reffembloit beaucoup à un trépied Delphique, dit Athenée, auffi en avoit-elle le nom. Pythagore s'en fervoit comme de trois lyres & varioit à fon gré les modes, le Dorien, le Lydien & le Phrygien. Le fiége

fur

fur lequel il étoit affis étoit proportionné à fon inftrument : la bafe en étoit tournante, & le moindre mouvement lui amenoit le côté qu'il defiroit. D'une main il pinçoit les cordes & de l'autre il faifoit ufage du *Plectrum.* M. de la Borde, dans fon Eſſai fur la Mufique, a parlé de ces lyres, il les a même fait graver, il en cite encore plufieurs autres, dont nous n'avons rien dit, parce qu'il nous fuffit d'avoir annoncé les plus anciennes, & que d'ailleurs on ne finiroit pas s'il falloit s'occuper de toutes les variétés de cet inftrument.

Les Anciens divinifoient tout ce qui leur étoit utile ou agréable. La lyre fut donc mife aux Cieux. On raconte diverfement les caufes de cette prérogative. Hygin & Aratus, difent que ce font les Mufes qui lui ont accordé cet honneur après la mort funefte d'Orphée, l'élève d'Apollon, & qui pouſſoit fi loin l'art de toucher de cet inftrument, que l'on prétendoit que les bêtes accouroient à lui & s'apprivoifoient aux fons de fa lyre. M. Dupuis, dans fon excellent Mémoire fur l'origine des Conftellations & fur l'explication de la Fable par le moyen de l'Aftronomie, parle de la lyre d'une manière à rendre bien vraifemblable fon ingénieufe interprétation. « Suivant lui, l'aftre le plus » apparent, au commencement de la grande période, ou révolution des fixes, » qui fe trouvoit aux environs du pôle, dût naturellement fixer les regards » des premiers hommes..... ceux qui n'envifagèrent que fon mouvement circu- » laire autour du pôle, & qui le voyoient toujours planer..... le comparèrent à » l'oifeau qui décrit plufieurs cercles en l'air, avant de fondre fur fa proie. » On y peignit donc un épervier ou vautour, & on appella cette Conftellation » *Vultur cadens.....* pour le diftinguer de l'aigle..... que l'on nomma *Vultur* » *volans.....* D'autres, ne confidérant que la lenteur de fon mouvement, l'appel- » lèrent *Tardius fidus,* & prirent une tortue pour fymbole, & défignèrent par » ce nom leur étoile polaire. Elle s'appella donc *Teftudo* en Latin, & en Grec » χελυς..... mais comme les premiers inftrumens de Mufique furent montés, » dit-on, fur l'écaille de la tortue, ou plutôt eurent cette forme..... le nom de » *Teftudo* devint également celui de l'animal & de l'inftrument de Mufique, » & la Conftellation fut dans la fuite défignée par ce double emblême ». M. Dupuis croit cependant que le nom de Lyre ne fut donné à cet Aſtre que lorfqu'il devint Mercure Égyptien..... « Le folſtice & conféquemment le » débordement du Nil, étoit annoncé pour lors par le coucher du matin de » la lyre *Teftudo*, & par le coucher du foir du corbeau, ce qui a produit une » Fable Égyptienne qui a paſſé chez les Indiens, & qui eſt confervée dans » l'Ézour-vedam : on repréfente fur le Mont *Nilo*, dans un étang, une tortue

Tome III. E

» aussi ancienne que le monde, & au bord de l'étang, une corneille qui jouit
» de l'immortalité. C'est sur l'écaille de cette tortue que Mercure, dit-on,
» avoit monté sa lyre; aussi cette Constellation porte-t-elle le nom de la lyre
» de Mercure..... Il est également question dans l'Histoire des Chinois d'une *tortue*
» *céleste*..... Germanicus - César dit, que la lyre dont parle Lucien est celle
» de nos Constellations, & que Mercure trouva cette tortue après la retraite
» des eaux du Nil; c'est le tems où se lève la Constellation de la lyre. Cet
» Auteur ajoute qu'il y mit neuf cordes, nombre égal à celui des Muses, allu-
» sion aux neuf étoiles de cette Constellation qui sont les neuf Muses des
» Anciens: d'autres disent que c'est à cause des sept sphères; il est des Écrivains
» qui prétendent que Mercure mit seulement trois cordes, à cause des trois
» saisons de l'année Égyptienne ».

Nous terminerons ici notre citation qui, quoique longue, est encore bien
abrégée & ne sait qu'indiquer un systême ingénieux, dont il faut voir de plus
longs détails dans le sçavant ouvrage de l'Auteur lui-même, qui, cependant,
ne le regarde encore que comme l'apperçu d'un plus grand, où il se flatte
d'expliquer la Mythologie par le systême Physico-Astronomique.

PLANCHE XIII.

MARSYAS.

Natif de Célènes, Ville de Phrygie, fils d'*Hyagnis* ou d'*Æagre*, comme
d'autres le prétendent, Marsyas ou *Masses* devint fameux par ses talens, son
orgueil & son malheureux sort. Quoiqu'Athénée & Pausanias lui attribuent
l'invention de la flûte, nous ne sçaurions adopter ce sentiment, & nous aimons
mieux croire, comme Plutarque, qu'il n'imagina que le bandeau de cuir dont
on se servit depuis, tant pour faciliter l'embouchure, que pour voiler l'espèce
de difformité causée au visage par l'enflure des joues, ou, comme Pline nous le
dit, il fut seulement inventeur de la double flûte. Cet habile Musicien, au
rapport de Diodore, joignit à beaucoup d'esprit beaucoup de sagesse. On lui
attribue la composition des airs qu'on chantoit aux fêtes de Cybèle, ce qui
n'est pas étonnant si l'on considère son attachement pour cette Princesse, que
rendoient malheureuse ses amours avec Atys. Fidèle compagnon de ses courses,
Marsyas vint avec elle à Nysa, célèbre par le séjour de Bacchus, où ils
rencontrèrent Apollon. L'orgueil est naturel aux Poëtes & aux Musiciens: l'orgueil
affoiblit toujours à nos yeux les talens de nos rivaux: bientôt Marsyas attaque
Apollon & lui propose un défi. Apollon l'accepte, & sa condition est, que le

vaincu fera à la difcrétion du vainqueur. Les habitans de Nyfa font défignés pour Juges (1). On s'affemble : Apollon commence : Marfyas lui fuccède & la douceur, le charme & la nouveauté même des fons qu'il fçait tirer de fa flûte font pencher pour lui la balance. Apollon exige une nouvelle épreuve, &, mariant les accens de fa voix à ceux de fa lyre, il emporte les fuffrages. Ce n'eft pas de la voix, c'eft de l'inftrument qu'il faut juger, dit Marfyas; deux Arts contre un, cela n'eft pas jufte; mais je n'emploie que vos moyens, reprit Apollon, ma bouche & mes doigts. La raifon fut applaudie, & dans une troifième épreuve Apollon fut déclaré Vainqueur. Les Poëtes font implacables dans leurs vengeances : Apollon fit écorcher par un Scyte ou même écorcha le vaincu. L'Abbé Bannier croit que la prétendue commiffion d'écorcher Mar-fyas, donné à ce Scyte, n'eft qu'une erreur qu'a fait naître la mauvaife inter-prétation du mot απoσκυτιςαι, que l'on a cru défigner un Scyte, tandis que, fuivant Héfychius, il fignifie feulement *écorcher*. Ce fanglant fupplice n'eft pas avoué par tous les Écrivains. Suidas ne veut point qu'Apollon ait fouillé fes mains divines du fang de fon rival : il prétend feulement que celui-ci devenu furieux fe précipita dans un fleuve qui reçut fon nom. Ce fut de fon fang, difent les autres Auteurs, que le fleuve a été formé; mais il en eft quelques-uns plus doux qui donnent pour fource à ce fleuve les pleurs que les Nymphes, les Satyres & les Bergers répandirent à l'occafion de fa mort.

La variété des fentimens a produit la variété des monumens qui nous repré-fentent cette action, & que l'on peut remarquer fur les Pierres gravées du Mufeum qui nous occupe, fur les fépulchres des Étrufques, fur le beau Jafpe rouge du Cabinet d'Orléans, fur une médaille d'Antonin que rappellent les Érudits interprètes des richeffes de ce même Cabinet, & dans mille autres compofitions.

Ce tiffu de faits que la Fable embellit, ne paroît aux yeux de bien des Sçavans qu'une allégorie, dont l'origine eft le bruit défagréable que faifoit le fleuve Marfyas, & qui écorchoit les oreilles. Noël le Comte voit dans cette Fable une leçon de morale, & croit que les Anciens n'ont voulu par le fupplice de Marfyas, que réprimer l'arrogance & l'orgueil des humains qui s'égalent préfomptueufement à la Divinité. *Fortunio Liceti* croit que toute cette hif-toire fabuleufe ne doit défigner que la préférence, que la lyre mariée à la

_____

(1) C'eft ainfi que le rapporte Diodore de Sicile : fuivant Lucien & Hygin, les Mufes furent les Juges du combat, & ce fut Midas, fuivant Fulgence.

voix obtint fur la flûte qui primoit avant fur tous les inftrumens de Mufique , &
qui décréditée alors, ne procuroit plus rien à ceux qui en jouoient. La fup-
pofition de Marfyas écorché par Apollon fut d'autant plus naturelle , ajoute
l'Abbé Bannier, que la monnoie dont on fe fervoit étoit de cuir ; le Joueur de
flûte que défignoit Marfyas en fut privé par Apollon, qui étoit l'inventeur de
la Lyre.

La Statue que nous examinons repréfente évidemment cet infortuné Mufi-
cien attaché au tronc d'un arbre. Sa tête & fes bras qu'a reftitués un Artifte
moderne, ne méritent pas autant d'attention que le refte du corps, que l'on
oublie cependant facilement, lorfque l'on voit à Rome la fuperbe Statue du
même Marfyas dans les jardins Médicis.

PLANCHES XIV & XV.

URANIE.

Apollon (1), Condu&eur des Mufes, & leur Chef, doit naturellement les avoir
à fa fuite ; nous allons donc nous occuper de celles dont les Statues fe trouvent
au Mufeum des Médicis, & dont la première eft *Uranie*, dès que nous aurons dit
quelque chofe des Mufes en général.

Les Sçavans varient fur l'étymologie qu'ils donnent au nom de Mufes. *Phor-*
nutus le tire de μῶεται, qu'il dit fignifier, ainfi que ζητεῖν, *chercher, rechercher :*
d'autres, confidérant la liaifon que les Sciences ont entre elles, lui donnent
pour origine le mot ὁμοῦσα, *femblable* : elles ont, pour ainfi dire , mis au monde
les Sciences & les Arts ; leur nom paroît donc, fuivant quelques-uns, devoir
fortir de μαιῶσται, qui fignifie *obftetricare*, accoucher : Daniel, Héinfius & Voffius
le forment d'un mot Hébreu , dont le fens eft *Science, difcipline* : Eufebe l'avoit
tiré fimplement de μυέω, *initier, enfeigner*, & c'eft le fentiment qu'ont adopté
les Auteurs de l'Encyclopédie, dont voici les propres expreffions : « elles font,
» dit-on, appellées *Mufes*, d'un mot Grec, qui fignifie *expliquer les Myftères*,
» Μύει , parce qu'elles ont enfeigné aux hommes des chofes très-curieufes &
» très-importantes qui font hors de la portée du vulgaire ».

Suivant l'opinion la plus commune & la plus univerfellement adoptée, il
y a neuf Mufes. Le plus ancien Auteur qui nous ait confervé leurs noms

---

(1) Dans Diodore de Sicile, Lib. I. Apollon a le furnom de Μουσαγήτη.

eſt Héſiode, & voici l'ordre qu'il obſerve, *Clio, Euterpe, Thalie, Melpomène, Terpſichore, Erato, Polymnie, Uranie & Calliope.* Ce nombre de neuf Muſes ne fut pas toujours admis. D'abord on n'en connut que deux, puis trois, & ſucceſſivement on les accrut juſqu'à neuf. Plutarque aſſure que les Anciens n'en reconnoiſſoient que trois, ſuivant le nombre des genres auxquels toutes les Sciences pouvoient ſe réduire, & qui étoient la Philoſophie, l'art oratoire & les Mathématiques : enfin que ce n'étoit que parce que ces trois genres pouvoient ſe ſubdiviſer chacun en trois autres eſpèces, que du tems d'Héſiode on avoit porté juſqu'à neuf le nombre des Muſes. Suivant Pauſanias, les premiers qui offrirent leur hommage aux Muſes n'en comptoient que trois, *Meleté, Mnémé* & *Ædé* ; on vit depuis neuf Muſes ſur l'Hélicon, nous dit le même Auteur.

Jupiter & Mnémoſyne, ſuivant le ſentiment ordinaire des Mythologues, ont donné le jour aux Muſes. D'autres les font naître de Jupiter & d'Antiope ; il en eſt qui les diſent filles de Memnon & de Theſpie : quelques-uns prétendent qu'elles étoient filles du Ciel, & que la terre étoit leur mère, & ſuivant Noël le Comte, on peut facilement interprêter cette Génération fabuleuſe des Muſes. Toute lumière de l'eſprit nous vient des Cieux, nous dit-il, Jupiter qui étoit le Dieu des Cieux chez les Payens, ou le Ciel même, a dû conſéquemment être regardé comme père des Muſes. On ſçait que la mémoire conſerve les notions que l'eſprit reçoit, & dès-lors on a fait la Mémoire mère des Muſes ; car Mnémoſyne de qui on les fait naître eſt l'emblême de la Mémoire ; ceux qui ont au lieu de Mnémoſyne préféré de leur donner Antiope pour mère, ont voulu ſignifier que l'émulation enfantoit les Sciences : enfin les Mythologues qui donnent Memnon & Theſpie pour ſource des Muſes, ont voulu nous indiquer que les Sciences déſignées par les Muſes devoient tout-à-la-fois leur exiſtence à la mémoire & à la penſée, qui eſt une eſpèce de Divination. *Euphème* a été, dit-on, la nourrice des Muſes, parce que la réputation & la gloire que ce nom repréſente ſoutiennent l'homme dans ſes travaux littéraires, & deviennent l'aiguillon le plus puiſſant pour lui.

Saint Auguſtin nous a conſervé le ſentiment de Varron ſur l'origine des Muſes. Varron n'en admettoit que trois ; mais, nous dit-il, dans une Ville que l'on croit être celle de Sycione, on voulut mettre les trois Statues des Muſes au temple d'Apollon. Trois Sculpteurs, que Pauſanias nomme *Chephyſidote, Strongylione* & *Olymphéoſlène*, furent choiſis pour faire chacun les trois Statues, & les mieux exécutées devoient être preférées ; mais l'émulation échauffa tellement le génie de ces Statuaires, qu'ils firent chacun trois chef-d'œuvres. La Ville embarraſſée dans le choix accepta toutes les Statues & les dédia à Apollon, ce fut Héſiode qui leur dónna enſuite les noms qui les diſtinguent.

Diodore de Sicile donne aux Muſes une plus haute antiquité. Ces Déeſſes ſi fameuſes parmi les Grecs, au rapport de cet Auteur, n'étoient que des Chanteuſes habiles qu'Oſiris, amateur paſſionné du chant & de la danſe, menoit avec lui dans ſes courſes victorieuſes, & qu'il faiſoit conduire par un de ſes Généraux, dont le nom étoit Apollon, ce qui fit nommer par la ſuite Apollon *Muſagete* ou Conducteur des Muſes. Clément d'Alexandrie, in πρoτ p. 19, prétend que Mégaclus fils de Macare, Roi de Lesbos, acheta neuf eſclaves qui, par l'harmonie de leurs chants, diſſipèrent l'humeur bilieuſe de ſon père, que l'on ne voyoit jamais d'accord avec ſa femme, & que ſa reconnoiſſance les déifia ſous le nom des Muſes. M. Leclerc croit que la fable des Muſes vient des concerts que Jupiter avoit établis en Crète, & qui étoient compoſés de neuf Chanteuſes. Ce n'eſt même, ajoute cet Écrivain, que parce qu'il eſt le premier parmi les Grecs qui ait eu un concert réglé, qu'il a paſſé pour être le père des Muſes, & ſi l'on a donné Mnémoſyne pour mère à ces filles célèbres, c'eſt parce que la mémoire fournit la matière des Vers & des Poëmes.

Quelque ſoit, au ſurplus, leur origine, elles paſſèrent pour être les Cantatrices de l'Olympe, occupées dans ce beau ſéjour à célébrer les merveilles des Dieux, & l'on croyoit qu'elles connoiſſoient le paſſé, le préſent & l'avenir. Miſes au nombres des Divinités, elles en reçurent tous les honneurs. Athènes ſacrifioit ſouvent ſur l'autel que cette Ville leur avoit élevé. Dans la Béotie, l'Hélicon leur étoit conſacré, & les Theſpiens y célébroient chaque année une fête en leur honneur, dans laquelle on diſtribuoit des prix aux Muſiciens les plus habiles. Piérus leur fonda un temple à Theſpies, & Rome dans la première région de la Ville en avoit deux ſous leur protection.

La bonne éducation eſt contre les paſſions un préſervatif très-bon que l'étude conſtante & de fortes occupations rendent plus puiſſant encore : auſſi les Muſes paſſèrent-elles pour Vierges. Quelques Auteurs cependant leur donnent des enfans, & Pauſanias n'excepte pas même la vertueuſe Uranie, qu'il fait mère de Linus. Hygin parle de ſes foibleſſes avec Apollon. Catulle lui attribue la naiſſance d'Hymenée ; mais ſi l'on examine ſoigneuſement ces inculpations, on verra que les enfans qu'on leur donne ne ſont preſque tous que les emblêmes des Arts ou des Sciences qui leur étoient propres, & quand on penſe que la Muſe Uranie a quelquefois été confondue avec la Vénus céleſie

que M. Larcher nous apprend préfider aux chaftes amours, quoique Vierge (1),
on conçoit facilement qu'on a pu la dire mère de l'Hymenée.

Les Mufes furent de tous tems célébrées par les Poëtes, qui leur
donnèrent des furnoms & des épithètes que l'on retrouve dans leurs Vers.
Le nom de *Camenæ*, dont l'éthymologie eft le Verbe *Cano*, défigne les fonctions qu'elles exerçoient en chantant les Dieux & les Héros. Du Mont Hélicon
on leur donna l'épithète d'*Héliconiades*. Ce Mont eft en Béotie & leur fut
confacré par deux fils d'Aloëus, Othus & Éphialtès. Servius & beaucoup d'autres
Écrivains avoient cru qu'une des collines du Parnaffe qui porte le même nom
étoit l'origine de ce furnom des Mufes; mais l'Abbé Bannier releva cette erreur.
Le Mont Parnaffe, placé dans la Phocide & qu'on regardoit comme leur féjour
ordinaire, les fit furnommer *Parnaffides*. Les montagnes de Béotie, qui de leur
nom de Monts Aoniens avoient déjà fait défigner la Province entière par le
mot d'Aonie, font l'origine de l'épithète d'*Aonides* que nous voyons donner
aux Mufes. On les nomma *Thefpiades*, du nom de Thefpia, ville de Béotie,
ou, peut-être, pour annoncer leur talent dans la Poéfie, que les Anciens
confidéroient comme une efpèce de Divination. Le Mont Cytheron, le Mont
Piérus leur ont procuré les épithètes de *Cythériades* & *Piérides*. Celles de
Pégafides, d'*Hippocrenæ* & d'*Aganippides* leur vinrent des différens noms que
portoit la fontaine célèbre que Pégafe étoit dit avoir fait fortir de la terre d'un
coup de pied. Du nom de Mnémofyne leur mère, ou plutôt encore à raifon
de l'avantage qu'elles procurent aux Poëtes de les faire connoître à la poftérité,
elles furent & font encore furnommées *Mnemonidæ*, filles de Mémoire.

Oublierions-nous de citer ici l'aventure des Mufes chez Pyrenée, & le défi
que leur firent les filles de Piérus? Ce feroit manquer à la reconnoiffance
que nous devons à Ovide, qui nous a confervé ces traits & les a embelli du
charme de fes Vers immortels. Pyrenée, fuivant ce Poëte, régnoit dans la
Phocide : un jour il invita les Mufes à fe retirer dans fon Palais pour ne
point être expofées à une pluie abondante qui tomboit : puis, abufant de l'hof-
pitalité qu'il leur avoit offerte, il voulut leur faire violence ; mais elles fçurent
échapper à fes piéges à l'aide des aîles qu'elles fe donnèrent, & virent de loin
leur infenfé raviffeur fe précipiter, pour les pourfuivre, du haut d'une Tour,
& expirer fur la terre qu'il imbiboit de fon fang coupable.

Cette hiftoire, fuivant Plutarque, eft une métaphore qui couvre l'injure

---

(1) M. Larcher, Mémoire fur Vénus, pag. 10.

que ce Roi tyran fit aux Mufes en détruifant les lieux d'études où la jeuneffe alloit s'inftruire, & les lycées où les Sçavans fe raffembloient. La fuite des Mufes ne pourroit-elle pas indiquer encore cette vérité, qu'elles ne fçauroient habiter où les Souverains les dédaignent & les méprifent, & où règne la tyrannie?

Quant au défi fait par les Piérides aux Mufes, de mieux chanter qu'elles, il feroit trop long d'exprimer d'après le même Ovide & l'arrogance de ces neuf filles de Piérus & d'Évippe, & leur orgueil à chanter les premières fans prendre les loix du fort; de rapporter les airs fublimes que met le Poëte dans la bouche de Calliope, qui chante au nom de fe fœurs & qui raconte toute l'hiftoire de Cérès; enfin, fi toutesfois on peut imiter les nuances des couleurs qu'il emploie, de peindre d'après lui le rire amer des *Émathides* (1), leur infultant mépris des menaces faites par les Mufes, leur étonnement en voyant leurs corps fe couvrir de plumes, leurs mains fe terminer en aîles, leurs bouches fe convertir en becs: les fenfations qu'elles éprouvent, lorfque voulant enfin exprimer leur douleur en frappant leur poitrine, l'agitation de leurs bras les enlève de terre & les porte fur les arbres des forêts, d'où leur rauque caquet fe fait entendre, annonce encore leur intariffable goût pour un babil importun, & reproduit leurs fottes infultes contre leurs victorieufes rivales.

C'eft ainfi que l'ingénieux Ovide a rendu piquante par les graces de fa Poéfie, & fon génie fertile, une hiftoire bien naturelle & bien fimple. Piérus, mauvais Poëte, remplit fes ouvrages de traits peu dignes des Dieux: il en fit un, nous dit Plutarque, dans fon Commentaire fur la Mufique, où il attaquoit les Mufes, & dès-lors fes enfans furent cenfés avoir livré combat aux filles de Mémoire, &, comme fes Vers ne contenoient qu'un ennuyeux & dégoûtant verbiage, on fuppofa facilement que ces mêmes enfans, défignés par le nom de filles à caufe de leur foibleffe, furent changés en pies importunes & babillardes.

Après nous être occupé des Mufes en général, revenons maintenant à celle que nos deux Statues repréfentent. C'eft *Uranie*, dont le nom annonce la connoiffance du Ciel. Les Anciens regardoient cette Mufe comme l'inventrice de l'Aftronomie, & célébroient beaucoup la Science qu'elle avoit des Aftres. Dans la Statue de la Planche XIV on ne peut la méconnoître. Son diadême femé

---

(1) Les filles de Piérus furent furnommées *Émathides*, du nom de l'*Émathie*, qui fut depuis la Macédoine.

d'étoiles,

d'étoiles, le globe qu'elle porte dans une main, le compas qu'elle tient de l'autre la défignent de la manière la moins douteufe. Ces attributs font ordinairement ceux dont on fe fert pour la caraêtèrifer. Dans une Pierre antique du Muféum des Médicis, fi cette Mufe tient de la main droite un Volume, elle eft accompagnée par un Aftre, emblème du Soleil, & par le croiffant de la Lune qui rappellent auffi-tôt nos idées vers elle. Sur les marbres de l'apothéofe d'Hercule, fur les médailles de Pomponius, fur le farcophage de la Ville Mattéi, dans le tableau d'Herculanum (1), on le voit conftamment avec un globe image de la fphère célefte. Il règne dans toute cette figure une grande nobleffe qui annonce la fublimité des fonêtions de cette Mufe. On ne fçauroit trop admirer avec quel art elle eft vêtue, la difpofition habile de la *Palla* & la forme bien naturelle de fes plis que les Anciens nommoient *rides* & qui étoient néceffairement multipliés dans un manteau que fa mobilité, dit Varron, avoit du mot κάλλω, *agiter*, fait furnommer *Palla* (2).

Dans la Planche XV, le compas & le globe qui ont été ajoutés défignent encore *Uranie*; mais tout dans l'enfemble de la figure ne concourt pas ainfi que dans la précédente à fixer, comme fur elle, notre conjeêture. Si même on confidère le mouvement que le Sculpteur a donné à la jambe gauche qui précède la droite que la Statue femble retirer, on pourra croire que c'eft *Érato* (3) à qui conviennent parfaitement encore ce luxe des vêtemens, & l'élégante difpofition des cheveux fi remarquables dans cette Statue.

PLANCHES XVI & XVII.

EUTERPE.

Nous penfons qu'*Euterpe* eft la Mufe repréfentée par la première de ces Statues. Les fragmens de flûte qu'elle tient nous portent à cette conjeêture. Les anciens Auteurs Latins lui donnent cet attribut, que les Grecs affignoient à *Terpfichore*. On a fingulièrement varié fur les fonêtions qu'ils ont attribuées

---

(1) *Voyez* Antiquités d'Herculanum de David, *T. II.* Plan. 33, p. 44 & fuiv.
(2) Diêtionn. de Trévoux, au mot *Palla*.
(3) Quoique *Terpfichore* foit la Mufe qui préfide aux danfes, ainfi que fon nom l'indique, quelquefois on a attribué cette prérogative à l'aimable *Érato*, & l'on connoît ce Vers d'un ancien Poëte :
   Plectra gerens Érato *faltat pede, carmine, vultu.*

à cette Mufe (1); mais elle paſſoit le plus généralement pour avoir l'art d'amufer les humains , & fuivant Héfiode , dans fa Théogonie, c'étoit elle qui adouciſſoit les maux , diffipoit les peines & faifoit oublier les chagrins. Sa tête ne porte point le diadême de rofe, dont Sapho couronne les Mufes : fes tempes ne font pas ceintes d'une branche de palmier : l'on n'y remarque ni feuillages ni fleurs; mais on voit avec plaifir fur fon front les plumes, indices des victoires communes à toutes les Mufes. On connoît celle qu'elles étoient dites avoir remportée fur les filles de Piérius, & dont nous avons parlé dans l'article précédent : il en eſt encore une autre gagnée par elles fur les Syrênes qui leur avoient difputé la fupériorité du chant. Les Syrênes, ces compagnes aimables de Proferpine , ainfi que l'enfeignent les Mythologues, pour chercher fur Mer cette Reine enlevée par Pluton , avoient demandé des aîles aux Dieux qui les leur accordèrent : vaincues par les Mufes, celles-ci les lièrent, leur arra- chèrent leurs plumes, & s'en firent un ornement, dont, au rapport de Paufanias & d'Euftathe , ils embellirent leur front. Gori cite un beau marbre que l'on voit à Florence, chez l'illuftre Baron Del-Néro, où ce combat & la punition des Syrênes font parfaitement exécutés. D'un côté , nous dit cet Auteur, on remarque Jupiter affis fur un trône & qui préfide au combat : Minerve & Junon l'accompagnent : celle-ci tête voilée tient un fceptre & celle-là s'appuie fur une lance. Des Mufes arrachent les plumes des aîles à quelques Syrênes : d'autres en frappent avec des fouets : ils en eſt quelques-unes qui tiennent leurs rivales vaincues renverfées par terre, & l'on en voit enfin qui empêchent les dernières de fuir.

La Planche XVII nous offre une belle Statue de Mufe que la trompette mife dans la main droite & le volume tenu par la gauche nous annoncent devoir être *Euterpe*. La *Palla* qui retombe avec tant de grace jufqu'aux pieds, convient bien à une Mufe : on ſçait que c'eſt le vêtement donné par les Anciens aux Vierges inventrices des Arts. Nous croyons que la tête qu'un Sculpteur, très-habile dans fon Art, mais peu verfé dans la connoiſſance de l'Antiquité, a mife à cette Statue, à la place de la véritable que l'on n'avoit plus, eſt célle de Junon. L'efpèce de diadême élevé & fait en mître dont elle eſt ornée convient à cette Déeſſe & ne fe trouve point fur la tête des Mufes. L'Artifte qui a deſſiné cette Statue a bien adroitement indiqué dans fon deſſin l'endroit où la tête a été rejointe.

---

(1) *Voyez* Geraldi, &c..... *Voyez* les Antiquités d'Herculanum, *T. II.* p. 32 édit.. de David.

PLANCHE XVIII.

CLIO.

Dans un tems moins heureux pour les Arts, un Statuaire, dont le nom nous est inconnu malgré l'inscription posée sur la base avec ces caractères

OΡΥΣΑΤΤΙCΙΟΝΙSΔΚΡΟΘΙΓΙΕΗΚ (1)

a fait la Statue que nous examinons. Quelle Muse représente-t-elle ? Il n'est pas facile de l'indiquer : la Lyre qui lui sert d'attribut, ayant été donnée à plusieurs d'entre elles. Dans les Antiquités d'Herculanum, elle est également entre les mains de Terpsichore & d'Érato, & si nous nous sommes déterminés à nommer Clio cette figure, c'est parce, que chantant les hauts faits des Héros qu'elle consacre au souvenir de la postérité, la Lyre que l'on voit souvent entre ses mains, lui convient spécialement, & nous ne faisons d'ailleurs que répéter l'idée d'un ancien Poëte qui désignant Clio, lui fait tirer de cet instrument les sons les plus agréables.

Clio *dulcisonæ citharæ modulamina sumpsit.*

Les Sçavans ont différens sentimens sur l'origine du nom de *Clio* : il est dérivé de Κλέος, *gloire*, disent les uns, n'est-ce pas une gloire immortelle que la Poésie procure à ceux qu'elle loue ? Κλέα, *louange*, est la véritable étymologie du nom de cette Muse, disent les autres, les louanges des grands hommes se chantoient autrefois sur la Lyre & sur la Cythare. Κλεΐα, *action illustre,* c'est ce que peint *Clio,* & son nom vient de son occupation, prétendent enfin quelques Écrivains, qui ne veulent point que Clio s'amuse à mettre en Vers l'Histoire des Mortels ; mais qui lui assignent pour fonctions de les recueillir en

---

(1) Ces lettres, au jugement de Philippe Bonarotti, forment ces mots : *opus atticianis afrodisienis,* &, suivant ce même Auteur, on devroit lire *afrodisienfis.....* Il fait remarquer encore que les lettres Σ & Δ étoient fort usitées au sixième siècle, comme l'attestent les monumens de ce tems..... Qui sçait, ajoute le même Écrivain, si cette lettre T, ainsi conformée comme C, n'a pas occasionné le changement de bien des mots de nos Manuscrits anciens, tels que *condicio, muciana, folacium ?* Voyez Phil. Bonarotti Préf. *in vafa vitrea cæmeter. veter. christian.* p. xxj & xxij.

Profe. La Poéfie ne peut s'empêcher de mettre du merveilleux dans fes compofitions, l'Hiftoire ne doit fes veilles qu'à la vérité : l'imagination doit flatter les
portraits faits par les Poëtes, & la fidélité doit fouvent faire reculer d'horreur
devant les tableaux tracés par l'Hiftoire. Notre Statuaire n'aura pas adopté le
fentiment de ces derniers Auteurs ; mais fuivant l'opinion de Diodore de Sicile, &
de Plutarque, que nous avons cité d'abord, il aura donné à Clio la Lyre ou
Cythare fur laquelle nous la voyons appuyée.

PLANCHE XIX.

DIANE, *VENATRIX*.

Paufanias rapporte que *Pamphus* eft le premier, qui, dans fes Vers ait donné
à Diane le nom de Καλλιστη qu'il avoit emprunté des Arcadiens, lefquels revé-
roient fous ce nom cette Déeffe dans un temple célèbre. Euripide, dans fon
Hyppolite, lui donne auffi ce furnom.

La Diane que repréfente la Statue que nous examinons a les contours tellement purs, les proportions fi exactes, tant d'accord dans l'enfemble, tant de
délicateffe & d'élégance, que cette même épithète de *Très-Belle* lui pourroit convenir : & les détails en elle ne nous charment pas moins que l'enfemble. Au-deffus
d'un vifage agréable & d'une douceur févère, à l'endroit où les cheveux fe
féparent, pour couronner les tempes, eft un croiffant, attribut ordinaire de
cette Divinité. Sa chevelure eft retrouffée avec grace derrière la tête. Avec
quel art & quelle induftrie n'eft pas faite la tunique qu'elle porte ! Le vent
ne femble-t-il pas fe jouer dans les plis de la *ftola* qui retombe jufqu'aux
pieds & que paroîtroit rider fon fouffle ? Le génie de l'Artifte éclatte jufque
dans cette agraffe avec laquelle il a rattaché la robe au milieu de la cuiffe.
que, par cette adreffe, il laiffe à découvert ainfi que la jambe. Les pieds ont
des fandales dont les cordons font noués avec goût. Il femble que la Déeffe s'arrête.
après une courfe rapide qu'indique un certain mouvement répandu dans tous fes
membres. Les bras font nuds jufqu'aux épaules : les fonctions de Diane l'exigent.
Un de ces bras eft ployé fi naturellement & fon mouvement vers le coude & le
poignet eft fi vrai, que l'on croiroit voir la Déeffe elle-même prendre avec une grace
divine un de fes traits dans le carquois que portent fes épaules. Ce n'eft pas,
il eft vrai, dans cette feule Statue que l'on remarque cette attitude, on la
trouve dans plufieurs autres, & les Statuaires paroiffent avoir voulu lutter les
uns contre les autres à qui rendroit avec plus de vérité cette action difficile.

Près de Diane eft un chien qui convient parfaitement à la Déeffe de la chaffe : fon col eft orné d'un collier, & fon regard animé, tourné vers fa Conductrice, annonce & fon goût pour les amufemens de cette Divinité & le bouillant defir de tenir fa proie. Ce chien n'a pas été ajouté par un Statuaire d'un fiècle poftérieur à la Statue : le même cifeau les a taillés, & cet ouvrage antique caufe à ceux qui le confidèrent une douce volupté.

Les traits que Claudien donne à Diane dans fes Vers, les attributs dont il l'accompagne, font fi reffemblans à ceux que l'on remarque dans notre Statue, que l'un de ces deux portraits femble être l'original de l'autre, & les Vers ont un deffin fi précis & des couleurs fi vraies, que l'on croit voir auffi bien le tableau qu'ils préfentent, que nous voyons cette Statue qui nous occupe. Le Lecteur nous fçaura gré, fans doute, de les lui rappeller ici tels qu'ils font, fans en ternir l'éclat par une traduction qu'il auroit faite mieux que nous.

At triviæ lenis fpecies, & multus in ore

Frater erat, Phœbique genas, & lumina Phœbi

Effe putes, folus que dabat difcrima fexus.

Brachia nuda nitent, levibus projecerat auris

Indociles errare comas, arcu que remiffo

Otia nervus agit, pendent poft terga fagittæ.

Crifpatur gemino veftis gortinia cinctu

Poplite fufa tenus.........

Quand *François Junius*, dans fon ouvrage fur la Peinture des Anciens, a foutenu que les Peintres & les Statuaires habiles, jaloux des progrès de leur Art & de leur réputation, prenoient les modèles des Dieux qu'ils vouloient faire dans les écrits animés des Poëtes anciens, il avoit certainement & Claudien & notre Diane fous les yeux.

PLANCHE XX.

STATUE SYMBOLIQUE DE LA DIANE D'ÉPHÈSE.

Les Éphéfiens, à l'exemple des anciens Égyptiens, n'ont jamais eu d'autre intention dans les Statues fymboliques de *Diane* qu'ils ont faites, que de repréfenter la Nature mère de tous les Êtres, ou la terre nourrice des animaux, & telle eft l'origine de ces mammelles nombreufes dont on voit fes Statues & fes images couvertes. *Claude le Meneftrier*, Chef de la Bibliothèque Barberine, cet homme fi habile dans la Connoiffance de l'Antiquité, a publié fept Statues de Diane d'Éphèfe, tirées de différens Cabinets, & il a doftement expliqué les fymboles qui les accompagnent. Ces fymboles principaux font une couronne de fleurs ou tourelée que la Déeffe porte fur la tête : le voile ou le *Peplus*, qui, de la tête fe répand fur les épaules & la recouvre toute entière : des mammelles fans nombre, dont elle eft garnie : de petites viftoires qui tiennent dans leurs mains des palmes, des bandelettes ou des rubans : ce font encore beaucoup d'animaux qu'on lui donne pour attributs, des cerfs, des lions, des tigres, des panthères, des bœufs, des griffons, des fphinx, des dragons, des abeilles, des cancres, des guirlandes de fruits, des couronnes, des fleurs, des glands, &c. dont le fçavant Bibliothécaire indique la fignification, d'après le fentiment des meilleurs Mytho-logues. *Claude le Meneftrier* publia auffi la Statue que nous examinons & qui étoit alors dans le Mufeum du Prince Léopold de Médicis : mais, dans fon ouvrage, notre Statue n'eft pas affez foigneufement deffinée, & comme on n'explique point les fymboles, les attributs ou hyérogliphes qui la décorent, nous fommes forcés d'entrer nous-mêmes dans ces détails.

Cette Statue, très-artiftement taillée, faite entièrement de marbre de *Penteli* (1), porte fur la tête une couronne murale, qui n'eft pas fimplement un ornement favorable à la figure, ou un figne de dignité comme dans les Statues des Dieux Égyptiens ; mais qui annonce l'empire de Diane fur les Royaumes fublu-naires, fur toutes les Villes de la terre, & le pouvoir bienfaifant de fa Nature protectrice. Dans l'hymne que l'on attribue à Homère ou à Orphée, on l'appelle Αναττα, Reine, &, en la priant d'être favorable aux travaux de l'Agriculture, on lui rappelle fon pouvoir étendu par ces expreffions μεγα κρινουτα, qui en font les fynonimes. On trouve plufieurs autels qui lui font confacrés, & fur lefquels on lit ces mots : *DIANA Confervatrix* & *Invicta*, *Diane Con-fervatrice* & *invincible*. Sur les Pierres & fur les Médailles Grecques, fouvent elle eft appellée ΣΩΤΕΙΡΑ, *Confervatrice*. Sophocle lui donne le nom de Γαιάοχος, *Maitreffe* ou *Confervatrice de la terre* : Callimaque la nomme dans fes hymnes Λιμενοκόπος, *Infpectrice* ou *Gardienne des Ports*. Ces noms magni-fiques que reçut Diane des Anciens, étoient les fignes de la Puiffance qu'on

---

(1) *Penteli* eft une montagne de l'Attique, où Paufanias nous apprend qu'il y avoit des carrières très-confidérables..... *Voyez* Paufanias *in Atticis*.

Au mot *Marmor Pentelicum* dans l'Encyclopédie, on lit que *ce nom étoit donné par les Anciens à un marbre Statuaire d'un beau blanc & en maffes fort grandes.*

reconnoiſſoit en elle , & qui la faiſoit regarder comme la Proteſtrice & la Sauve - Garde des Villes & des Empires. De cette idée généralement reçue, ſortit comme de ſa ſource, ce culte preſque univerſel que rendoient les hommes à cette Divinité, & dont les Aſtes des Apôtres, Chap. XIX, nous conſervent des traces ineffaçab!es.

Le voile qui couvre notre Statue convient ſingulièrement à la Déeſſe qu'elle repréſen!e, & inſpire la vénération qui lui eſt due. Pauſanias nous apprend, que dans le temple d'Éphèſe, devant l'image de Diane, on voyoit au-deſſous de la voûte un voile ſuſpendu. Ce voile eſt-il l'emblème de la nuit, dont Diane eſt l'*œil*, comme le penſe *Claude le Meneſtrier* ? Ce même voile ſe trouve ſur la tête de quelques autres Déeſſes, que l'on ne peut conſiderer comme la nuit, & Gori ne peut conſentir à adopter ce ſyſtême. Il croit que l'on avoit pris des Égyptiens l'uſage de recouvrir ainſi les Divinités pour leur donner plus de majeſté, & que les Éphéſiens peuvent très-bien avoir obſervé pour Diane la même coutume que les Troyennes à l'égard de Minerve, à laquelle, dans certains jours, celles-ci portoient un voile, dont elles la couvroient, ainſi que le chante Virgile d'après Homère, qu'il a pris ſouvent pour modèle. D'ailleurs, comme le fait remarquer *Claude le Meneſtrier*, à quelle Déeſſe le *Peplus* ou voile, ſymbole de la pudeur, pouvoit-il mieux convenir, qu'à Diane, ſurnommée *Chaſte* par excellence ?

Le cou & la poitrine de notre Déeſſe ſont beaucoup moins chargés d'ornemens que dans ſes autres images: cependant d'un collier fort élégant retombe une branche de palmier, à laquelle pend un croiſſant. Le palmier eſt conſacré à Diane, on le retrouve dans différentes médailles des Éphéſiens, & le Poëte *Théognis*, ainſi que l'Auteur des hymnes attribués à Homère, diſent que lorſque Latone mit au jour Diane & Apollon, elle ſaiſit, en accouchant, un palmier, ſuivant l'uſage des femmes, qui, dans ce moment ſe ſaiſiſſent de ce que leurs mains peuvent atteindre. Devant le temple de Diane en Aulide on voyoit, nous dit Pauſanias, des palmiers dont les fruits étoient aſſez doux. Enfin, comme l'écrit Apulée & comme l'atteſtent les plus anciens monumens, le palmier étoit conſacré à Iſis, que l'on ſçait être la même que Diane, & c'étoit pour cette raiſon que la Divinité Égyptienne avoit une chauſſure tiſſue de feuilles de cet arbre, & que dans les Proceſſions, faites en ſon honneur, celui qui marchoit le troiſième portoit une palme à feuilles d'or.

Le reſte du corps de notre Diane d'Éphèſe eſt couvert de quatre parties d'ornemens, fur chacune defquelles on voit des bas-reliefs fculptés avec art. Le premier, au-deſſous de la poitrine, offre deux buſtes : dont l'un repréſente le Soleil ou Phœbus, & le ſecond Diane elle-même ou la Lune. Dans les différentes copies des Statues de Diane, que *Claude le Meneſtrier* a publiées, Diane a derrière la tête un diſque ou un croiſſant ; mais dans la nôtre on remarque des aîles.. Quant à la figure du Soleil, elle eſt, fur notre Statue, entourée de rayons & d'une eſpèce d'Auréole, ſigne de Divinité & de majeſté emprunté des Égyptiens par les Étruſques, & des Étruſques par les Romains.

Parmi les Pierres gravées du Muſeum, dont nous publions les Statues, on peut en remarquer deux, où Diane céleſte & Diane d'Éphèſe portent des aîles, fymbole de la vîteſſe, à ce que dit Macrobe, que les Égyptiens & les Phéniciens, puis les Étruſques, adaptèrent à leurs Dieux, fymbole d'ailleurs qui convient à la Divinité dont on ne ſçauroit trop exprimer la promptitude à fecourir les mortels, & à parcourir, pour ainſi dire, toutes leurs demeures, pour veiller à leurs befoins. Sur une Statue deſtinée à repréſenter plutôt encore la Nature que Diane, ne voit-on pas combien ſont placées ſagement les images du Soleil & de la Lune fources de la fécondité, que des Nations très-anciennes ont adorés, &, auxquels nous ſçavons que les peuples ont élevé tant d'autels fur leſquels ils ont inſcrits les qualités d'*Invincibles* & d'*Éternels* qu'ils donnoient à ces Divinités, qu'il faut avouer être les ſeules dont le culte ait le moins dégradé la raiſon ?

Le ſecond bas-relief qui décore notre Statue, eſt celui des Grâces. Elles ſont nues, & leurs bras entrelaſſés les uniſſent enſemble. Ces Déeſſes des Ris & de la Beauté ont toujours été par les Anciens placées auprès des Dieux. Horace, dans ſes hymnes, les invoque fréquemment comme les aimables compagnes de Vénus, de Cupidon, de Mercure, de la Jeuneſſe & des Nymphes. Raphaël Fabretti parle dans ſes ouvrages d'un beau bas-relief de marbre, où près du Génie d'une fontaine, de Mercure & d'Hercule qui ſe couronne, on voit les Grâces décentes, dont la compagnie ſemble flatter ces Dieux. Pauſanias nous apprend, qu'elles étoient avec les Heures, fur le diadème de Junon, dans ſon temple à Mycène, où cet Auteur avoit vu ſa Statue qu'il décrit, & qui étoit une des plus belles productions du ciſeau de Polyclète. Nous avons déjà parlé de l'Apollon Délien qui tenoit dans ſes mains les Statues de ces mêmes Grâces. Pauſanias nous cite encore des images de *Liber* ou Bacchus, dans les mains duquel ſe trouvent ces Divinités. Auprès d'elles, dans le bas-relief que nous expliquons, ſe voyent deux cornes chargées de fruits & de fleurs, qui ſemblent

être

être deftinées, l'une au Soleil, l'autre à la Lune, au-deffous defquels elles font placées, & qui, par elles-mêmes, fymboles de l'abondance, annoncent, ainfi qu'il a toujours paru aux Sçavans verfés dans la connoiffance de la Mythologie, les heureufes influences de ces Aftres-Dieux fur la terre, leur pouvoir & leur bienfaifance. Ce fut, fans doute, par cette raifon, que l'Artifte habile qui grava la Pierre fuperbe que l'on retrouve parmi celles que nous tirons du Mufeum des Médicis, où le Soleil, monté fur fon quadrige, tient une corne d'abondance, donna cet attribut au Dieu qu'il exprimoit. Les anciens Commentateurs de Théocrite n'ont-ils pas auffi grand foin de nous faire remarquer que du tems de ce Poëte, de jeunes filles affez mûres pour l'Hymen avoient coutume de porter & d'offrir à Diane des corbeilles pleines de fruits, pour remercier la Déeffe de leur maturité, doux & décent emblème de la leur propre, & célèbrer fon influence fur toute la Nature? Les Éphéfiens ne vouloient pas non plus, ce nous femble, indiquer autre chofe que ce pouvoir procréateur de la Déeffe, lorfque fur leurs monnoies & fur leurs médailles ils imprimoient des abeilles? Nous ne doutons pas que les furnoms de *Frugifera & Fructifera* donnés à Ifis ne puiffent être auffi donnés à Diane, puifqu'il paroît conftant, ainfi que nous l'avons fait remarquer, que ces deux Divinités n'en font qu'une fous une dénomination différente: & fon empire fur les biens de la terre étoit fi conftant, qu'au rapport de Xénophon, dans Cirus, ceux qui defiroient jouir plus amplement de ces biens, vouoient à cette Déeffe, & lui payoient réellement les décimes de leurs récoltes.

Le troifième bas-relief nous préfente au milieu des eaux, fur un Bouc marin que fuit un Dauphin, une jeune Femme ornée d'un voile que le vent fait voltiger au-deffus de fa tète, & qu'elle tient d'une main. Peut-être a-t-on voulu décorer la Statue de Diane de l'image d'une de ces fix cens Nymphes que Callimaque, fous le nom d'άμοργὸς, & Apollonius fous celui d'άμορβάδις, donnent pour compagnes & pour fuivantes à cette Divinité: peut-être auffi cette figure veut-elle défigner Diane-marine: car, de même que les anciens Poëtes prétendoient qu'Apollon, porté fur fon quadrige, franchiffoit les Mers pour commencer fa courfe, de même auffi leur imagination féconde leur avoit peint Diane fortant fur un Bige du fein de l'Océan pour s'y replonger enfuite.

Sur le dernier bas-relief, qui eft le plus proche des pieds de la Déeffe, on voit trois petits Génies, dont l'un tient une fléche, celui du milieu un arc, & l'autre un carquois; ce font des Génies, difons-nous, de ces Génies que les Anciens donnoient pour compagnons aux Dieux, & tels que celui de Junon

Tome III.   G

Sospita, dont parle *Martinus Capella*; nous le croyons avec d'autant plus de fondement, que le même nom de *Sospita* fut un des surnoms de Diane. D'ailleurs, voudroit-on que ces enfans défignâssent *Cupidon*, accompagné de l'*Appétit* & du *Defir*? Mais ne fçait-on pas que Lucien, dans fon Dialogue de Vénus & de Cupidon, peint Minerve, les Mufes & Diane, comme invulnérables aux traits de ce petit Dieu, parce que, toujours, elles fuient les dangers de l'oifiveté, pour fe livrer à divers travaux ou à l'étude, tandis que tous les Dieux font vaincus par cet enfant? Ce n'eft donc pas parmi des fymboles caractérif- tiques, d'une Divinité victorieufe de l'*Amour*, que ce maître des Dieux & des hommes doit avoir fon image.

Notre Déeffe enfin a les bras ouverts & les mains étendues, dans l'attitude de ceux qui font des prières & qui offrent des facrifices; cette pofition eft l'em- blême de fes difpofitions à exaucer les vœux des humains, & de ce nom d'ΕΠΗΚΟΟΝ *Propice*, que nous trouvons, fur une Pierre antique, avoir été l'épithète honorable de cette Divinité.

Avant de terminer cet article de Diane d'Éphèfe, pourroit-on nous blâmer de reproduire ici quelques-unes des explications que *Claude le Meneftrier* a données aux différens attributs, dont communément étoit furchargée la figure de cette Divinité? Pour ne pas fatiguer nos Lecteurs, nous nous refferrons, cependant, le plus qu'il nous fera poffible.

Nous avons déja rapporté ce que ce fçavant Bibliothécaire a dit du voile ou *Peplus* & de la couronne tourrelée de cette Déeffe; il eft donc inutile de revenir fur ces objets, prenons fucceffivement & fommairement tous ceux dont nous n'avons encore rien dit.

On voit fouvent fur la tête de Diane d'Éphèfe une couronne de fleurs. L'ufage de couronner ainfi cette Déeffe vient évidemment des Égyptiens, qui n'environnoient point la tête de leurs Dieux de rayons, ni de branches de laurier ou d'olivier. Cette couronne fervoit d'ailleurs à la diftinguer de la Diane des autres Nations, qui ne portoit fur le front qu'un léger croiffant. Si parmi les fleurs qui compofoient cette couronne on remarquoit près de la rofe le *Chryfantemon* avec fes fruits, c'eft parce qu'il rappelloit l'idée du globe de la Lune, & que jaune par lui-même, lorfqu'il étoit frappé des rayons du Soleil, il brilloit comme de l'or. *Lilio Giraldi* veut qu'une jeune Éphéfienne ait, la première, couronné de *Chryfanthemon*, les tempes de Diane, & que de fon nom cette plante ait été nommée *Hélyocrifos*. Déeffe des Montagnes, Procréa- trice des Plantes, Diane devoit naturellement être décorée d'une couronne de fleurs. Ces fleurs, au rapport d'Apulée, étoient de différentes couleurs, blanches, jaunes & rofes, & leur variété fervoit à défigner ces cercles ou couronnes nuancées que l'on voit autour de la Lune. Enfin les fages Éphéfiens en donnant à Diane un des attributs de Cybèle, n'ont-ils pas voulu faire connoître l'union de ces deux Divinités, qui fouvent les a fait confondre ?

Le cerf eft un des attributs connus de Diane, il femble que l'on ait voulu lui donner cet animal pour fuivant autant que pour fymbole. Les Grecs appelloient cette Déeffe ελαφηϐολος, & fouvent on voyoit fes images accompagnées de quatre têtes de cerfs. L'un des plus légers à la courfe parmi les animaux, le cerf a paru pouvoir défigner le cours rapide de la Lune, qui termine en vingt-fept jours le cercle que le Soleil met une année à parcourir. Déeffe de la chaffe, Diane devoit avoir le cerf fous fa protection, & mère de la rofée, comme le difent les Poëtes, elle devoit toujours fe voir entourée des animaux qui en font leurs délices. La vie des cerfs eft très-longue, & dès-lors ils ont pu fervir d'emblême à Diane, où la Lune que les Anciens gravoient fur leurs monnoies, comme un fymbole de l'éternité, ainfi que le prouvent des médailles de Fauftine la jeune.

Si des lions fe rencontrent ordinairement parmi les attributs de Diane, nous ne devons pas nous en étonner : habitante des montagnes ainfi que Cybèle, avec laquelle nous avons déjà fait remarquer qu'on la confondoit, des lions robuftes devoient la porter jufqu'à leur fommet. Emblême de la Nature qui féconde les terreins les plus ingrats & les plus fauvages, Diane pouvoit avoir elle-même pour fymbole un lion foumis qui indiquât le pouvoir de la Déeffe fur les terres les moins fufceptibles de culture ; enfin le lion, dont la partie antérieure du corps eft plus robufte que l'autre, ne pouvoit-il pas affez bien défigner la puiffance inégale du Soleil & de la Lune, qui, cependant, réuniffant leurs influences, opèrent enfemble toutes les merveilles que nous offrent les productions de la Nature ?

Le cancre ou l'écreviffe, que toute l'antiquité a placé dans le Ciel, eft reconnu pour attribut de Diane ; on le retrouve dans plufieurs des images de cette Déeffe publiées par *Claude le Meneftrier*, & ce n'eft pas fans raifon, nous dit ce Sçavant, que ce cruftacée lui fert de fymbole. Les Égyptiens, auxquels il faut faire remonter le culte de Diane, peignoient la Lune, qui eft la même qu'Ifis ou Diane fous la forme d'un cancre, comme ils peignoient le Soleil fous celle du lion. Le cancre, par fa rondeur, repréfente le globe Lunaire, & le Croiffant de cet Aftre eft indiqué par fes cornes, ornement qui a fait confacrer à Diane, non-feulement les grands animaux qui en font décorés ; mais jufqu'aux infectes qui ont cette prérogative, & c'eft ce qui a valu cet honneur à une efpèce de *fcarabée.*

Le cancre, fuivant le témoignage des Phyficiens (1), reffent particulière-ment les influences de la Lune. Dans le croiffant, il eft plein & de bon goût, & il perd fa chair & fa faveur lorfque cet Aftre décroît. Comme la Lune, il femble périr & fe renouveller, lorfqu'il fe cache pour fe dépouiller de fa coquille cruftacée, & qu'il revient briller enfuite paré d'une robe nou-velle : c'eft à la lueur du flambeau célefte qui préfide à la nuit qu'il aime à paroître & à prendre fa nourriture : que de motifs pour donner cet animal en attribut à la fœur d'Apollon ! Et combien n'en peut-on pas affigner encore ! *Goltzius* prétend que l'on regardoit cet animal comme le fymbole de la Pru-dence, & que ce fentiment eft caufe que l'on a fufpendu fon image au col de Diane. Les rêves des Platoniciens qui veulent que le cancre ferve de paffage à nos ames lorfque nous entrons dans la vie, & l'opinion des Phyfiologiftes qui font préfider la Lune à la génération des humains, favo-rifent encore la confécration de cet animal à Diane, confécration tellement reçue, que fur beaucoup de médailles (2) on voit cette Déeffe couronnée d'un cancre, & que fur celles d'Antonin-le-Pieux, au revers, on trouve un cancre qui faifit un croiffant de Lune.

Si Diane, dans quelques-unes des Statues que les Éphéfiens lui ont éle-vées, porte fur fa poitrine de petites victoires, les aîles étendues & tenant une couronne, fi, dans d'autres, cette Déeffe eft couronnée par elles, fes pieux adorateurs vouloient fans doute annoncer l'empire de cette Divinité

---

(1) C A N C R E Squinade .... Il a deux petites cornes proche defquelles font les yeux..... Ce Cancre eft plein & de bon goût dans le croiffant de la Lune ; mais il eft vuide & d'un goût peu recherché dans un autre tems..... Il fe dépouille de fa croute ou coquille..... Les Anciens regardoient ce changement involontaire & néceffité comme une fageffe de l'animal, c'eft pourquoi ils le pendoient au col de la Diane d'Éphèfe, Déeffe de la Sageffe..... *Voyez* le Dict. de *Valmont de Bomare*, au mot *Cancre.*

(2) ..... *Illud etiam hic attexatur, apud Brutios peculiari & infigni coronamento Dianæ caput cancri teftâ ornatum, ut ex eorum nummis palam eft. Antonini pii numifma ab Ægiptiis fignatum in averfâ parte expreffum cancrem habet chelas expan-dentem, eodem planè fchemate, & pari fymbolo cancer fculptus eft in veteri gemmâ, quæ[1] in Pinacothecâ Eminentiffimi Cardinalis à Balneo adfervatur.* Voyez Claude la Meneftrier, *Statua fymbol. Dianæ.*

fur toute la terre qui eſt ſoumiſe à ſa puiſſance., ou ſeplement ils avoient pour but d'exprimer leur reconnoiſſance pour tous les bienfaits dont le genre humain eſt redevable à cet Aſtre producteur.

La guirlande ſuſpendue au col de Diane dans la plûpart de ſes Statues, eſt un aſſemblage de fruits ou de fleurs mêlées avec des fruits, & l'on voit au premier coup-d'œil quelle eſt l'origine de cet ornement. Il étoit bien naturel ſans doute que la Nature déſignée par Diane, la Nature mère de tous les Êtres & Procréatrice des fruits & des fleurs, reçut de la main des hommes une offrande formée des productions mêmes qu'ils tenoient de ſes largeſſes : & ſi, parmi les fruits dont ils lui conſacroient des guirlandes, on remarque des pommes & des pavots, leur rondeur, ſymbole de celle de la terre, en eſt la cauſe : le pavot même peut offrir en particulier des motifs du choix que l'on faiſoit de lui : ſa ſuperficie raboteuſe étoit une image des Monts & des Vallées, dont eſt couverte la ſuperficie de la terre. Le pouvoir ſomnifère que les Naturaliſtes reconnoiſſent en lui peut auſſi l'avoir fait donner pour attribut à l'Aſtre qui préſide à la nuit, & c'étoit ſans doute par cette même raiſon qu'Ovide peignoit la Déeſſe de la nuit couronnée des fruits de cette Plante. Enfin pour ne rien omettre, ſi la guirlande dont on décore Diane eſt liée par une eſpèce de ruban, cela ſert non-ſeulement à retenir les fleurs & les fruits qui la compoſent ; mais à déſigner encore la route oblique que la Lune parcourt dans les Cieux.

Les glands ont ſervi de première nourriture aux hommes, diſent les Poëtes de l'Antiquité ; mais la prévoyante & bonne nature changea bientôt leur aliment, n'étoit-il donc pas naturel de voir, au col de la Déeſſe, ſon emblême, ce gland, d'abord ſi utile, conſacré par les mortels à la Divinité qui leur avoit donné des mets plus ſucculens & plus agréables ?

Nous ne répéterons pas ici ce que nous avons déjà fait remarquer au ſujet de ces mammelles ſans nombre que les Éphéſiens donnoient à leur Diane, qu'elles ſignifioient la fécondité de la Nature. Cette emblême eſt ſi frappant par lui-même, que l'on n'a pas beſoin, pour en donner l'interprétation, d'accumuler des paſſages de *Macrobe*, d'*Arnobe*, de *Lucrèce*, de *Virgile*, de *Plutarque*, d'*Apulée*, de *Firmicus Maternus* & de *Saint Auguſtin*, que l'érudit le *Meneſtrier* n'a pas cru devoir paſſer ſous ſilence : arrêtons-nous plutôt à l'explication des ſphinx qui accompagnent ſouvent la Statue de la Diane des Éphéſiens.

Le fphinx, que les Poëtes ont fi monftrueufement compofé (1), n'étoit d'abord chez les Égyptiens qu'un animal, fruit de leur imagination pitto- refque, qui avoit la moitié du corps d'une Vierge & l'autre d'un lion : & ce peuple fi éloquent dans fes fignes & fes hyérogliphes n'avoit recours à cette fiction que pour exprimer l'époque du fertile débordement du Nil qui arrivoit aux mois *Quintilis* & *Sextilis*, lorfque le Soleil finiffoit de parcourir le figne du Lion & commençoit celui de la Vierge. Les Égyptiens mettoient les Sphinx aux portes des demeures facrées d'Ifis & d'Ofiris, comme les fym- boles du fecret & de la prudence qu'ils recommandoient ainfi à tous ceux qui pénétroient dans ces temples. Cet ufage des Égyptiens fera paffé fans doute aux Éphéfiens, & ceux-ci s'en feront fervi pour leur Diane, qui n'eft, comme nous l'avons fi fouvent répété, qu'une copie d'Ifis. Peut-être l'origine des Sphinx eft-elle puifée dans le changement de nourriture & de mœurs des premiers hommes qui le devoient à Cérès, que nous avons dit auffi être le même que Diane : & dès-lors la partie lionne de cet animal défigneroit le tems où les mortels, vivant de glands, comme les bêtes, étoient confondus avec elles, tandis que fa partie virginale indiqueroit l'époque où, des mains bienfaifantes de la Nature, recevant une nourriture auffi diftinguée que leur Être, ils ont commencé à fuivre la raifon à laquelle on difoit que Cérès avoit la première donné des Loix (2). Enfin qui fçait fi les Anciens n'ont pas voulu défigner par le fphinx le fecret fous lequel la Nature cachoit fes opérations fources abondantes des difputes & des travaux des Sçavans parmi lefquels elle n'a que très-peu de ces vrais amis tels que *Pline* & *Buffon* aux yeux de qui elle ne rougit pas, quelquefois, de lever un coin de fon voile.

Ainfi que le fphinx, les griffons étoient confacrés à Diane, les griffons animaux fabuleux éclos dans l'imagination des Égyptiens, & qui, moitié Aigles, moitié Lions, pouvoient fervir à défigner l'affociation

---

(1) *Terruit Aoniam Volueris, Leo, Virgo triformis.*

Sphinx, Volucris pennis, pedibus Fera, fronte Puella.

Aufone, *in Ternario numero.*

D'autres Auteurs ont donné au fphinx la queue d'un dragon. On peut confulter fur fa figure Hérodote, Ælien, Plutarque, Solin, Diodore, Pline & Clément d'Alexandrie.

(2) *Prima dedit leges. Cereris funt omnia munus.* Ovid,

heureufe du Soleil & de la Lune, uniffant leur puiffance pour féconder l'Univers.

Le dragon ou ferpent, fymbole de la Prudence, devoit certainement fe trouver près de la Statue de celle que l'on en regardoit comme la Déeffe : auffi voyons-nous Diane dans un char tiré par des ferpens ou dragons, & le ferpent orner fes folemnités ainfi que celles d'Ifis : fi même l'on fait attention que la vue du ferpent eft perçante, & que, doué de la faculté de veiller pendant la nuit, il découvre de loin tous les objets, il faut avouer qu'il pouvoit être naturellement choifi pour emblême de cet Aftre argenté, qui, flambeau de la nuit, atteint de fes rayons & fait découvrir ce que les ténèbres obfcurciffent. Les replis tortueux du ferpent & fa marche inégale n'indiquent-ils pas encore le cours oblique de la Lune, fes phafes & fes éclipfes ?

Quant aux bœufs dont on voit la tête fur la plûpart des images de la Diane Éphéfienne, il ne faut pas beaucoup chercher pour trouver la caufe de cet emblême. Le bœuf eft le fymbole de la fécondité de la terre qu'il fillonne. C'eft le bœuf que Varron nous donne pour compagnon dans les travaux des champs, & c'eft lui qu'il fait Miniftre de Cérès. Ælien & Pythagore, dans les Vers d'Ovide, nous exhortent à ne pas immoler cet animal utile qui cultive nos terres, qui traîne nos chariots..... Cet animal fans fraude, fans malice, né pour partager nos peines. Héfiode le fait, pour ainfi dire, entrer dans nos familles, *chaque maifon*, dit-il, *eft compofée d'un homme, d'une femme & d'un bœuf laboureur.* Inftrument premier de la culture des terres, Diane devoit donc l'avoir pour fymbole, auffi la voyonsnous fouvent dans les anciennes médailles de Sept. Sévère, de Caracalla, de Julie portée fur un bige, auquel font attelés deux bœufs. Orphée, dans fes hymnes, chante le goût de la Lune pour les cornes des bœufs, les Romains lui en confacroient & en fufpendoient dans le veftibule du temple de cette Déeffe, au Mont Aventin. Il eft des Auteurs qui ne croyent le bœuf confacré à Diane que parce que la Lune dans fon cours approche beaucoup du figne du taureau : & fi on l'appella ταυρωπὸς & ταυροπόλος, ce fut pour cette raifon ou peut-être encore à caufe de la forme du Croiffant qui femble nous préfenter les cornes de cet animal.

Les abeilles, emblêmes de la fageffe & de la pureté, font auffi le fymbole de la chafte Diane. Abbreuvé de la rofée & du fuc des fleurs, dont les Anciens difoient que le miel, production précieufe de l'abeille, étoit formé, la rofée d'ailleurs étant cenfée produite par l'air & par la Lune, ce petit animal volant devoit être confacré à Diane. Les ruches dans lefquelles les abeilles s'affemblent & fondent leurs admirables Républiques font naturellement l'image des Villes & des États que les Anciens mettoient fous la protection de Diane. Aux folemnités de Cybèle on faifoit retentir l'air du bruit des cymbales : aux éclipfes de Lune les anciens peuples frappoient des vafes d'airain; pour raffembler les effaims des abeilles on fait du bruit avec ces mêmes inftrumens ; cette raifon peut avoir donné l'idée de prendre les abeilles pour fymbole de Diane..... Enfin rien n'a fignifié la fécondité plus efficacement que le miel : c'eft fous le nom de terre qui produit le lait & le miel que l'on peint une terre féconde; l'abeille, Fabricatrice induftrieufe de ce miel, a donc pu raifonnablement être choifie pour défigner la fécondité de la Nature repréfentée fous les traits de Diane.

Il nous refte encore à parler des rofes & des bandelettes ou rubans que nous voyons auffi fur les Statues de Diane. Quant aux rofes, quoiqu'elles foient fpécialement confacrées à Vénus mère des amours, Diane cependant peut en être, avec raifon, décorée. La rofe aime la fraîcheur, & fouvent elle ouvre fon calice pendant l'efpace de la nuit à laquelle préfide la Lune. Dans les folemnités de la grande Déeffe, Lucrèce nous apprend que devant fes images on répandoit les feuilles odorantes de la rofe. Enfin la rofe eft la reine des fleurs; elle mérite donc d'orner le front de la Reine des Aftres. Elle peut défigner en outre la végétation des Plantes, filles de la Nature, qui fe nourriffent du fuc de la terre. Pour les bandelettes que nous remarquons dans les mains des petites victoires qui font fur les Statues ou près des Statues de Diane, ou fur la Déeffe elle-même, de puiffans motifs ont pu déterminer le choix de cet emblême. Les bandelettes chez les Égyptiens fervoient à retenir les parfums qui embaumoient les corps, au moment de la fépulture ; or la Lune n'étoit-elle pas regardée comme fouveraine maitreffe de la vie & de la mort? N'auroit-on pas voulu défigner par les bandelettes que toutes chofes femblent fortir de la terre pour y retourner enfuite ? La Nature exprimée fous les dehors de la Diane d'Éphèfe n'eft-elle pas tout-à-la-fois & la mère & le tombeau de tous les Êtres? Le grain que l'on confie à la terre pour le féconder ne fe reproduit, pour ainfi dire, que par fa mort & en périffant; il eft comme enfeveli dans fon fein, & c'eft peut-être ce que la myftérieufe Antiquité nous aura voulu cacher fous ce fymbole : peut-être auffi les contours que font ces bandelettes autour des corps ont-ils paru propres à exprimer les finuofités du

cours

cours de la Lune, ſes différens aſpects & les cercles que ſi ſouvent nous voyons ſe former autour d'elle.

Nous ne nous arrêterons pas plus long-tems ſur tous ces emblêmes, langage myſtique des Hyérophantes qui vouloient ou dérober leurs ſecrets aux yeux ignorans du vulgaire, ou par cette étonnante quantité de ſymboles, rendre plus vénérable la Divinité qu'ils ſervoient. Pour ne pas même trop retenir nos Lecteurs, peut-être déjà fatigués de la longueur de cet article, nous ne nous occuperons point ici de l'hiſtoire fabuleuſe de Diane; & nous les renvoyons à nos explications des Pierres gravées ſur leſquelles cette Déeſſe eſt repré-ſentée.

PLANCHE XXI.

ENDYMION.

La Statue que nous avons ſous les yeux eſt bien rare, ſi toutesfois elle n'eſt pas unique. On ne ſçauroit trop admirer l'art avec lequel elle eſt taillée. Elle n'avoit point encore été gravée lorſqu'elle parut parmi les Planches de l'ouvrage de Gori que nous reproduiſons dans notre langue. Entreprendrions-nous de rapporter & d'expliquer en ce moment ce que les Anciens nous ont dit d'Endymion? Mais il n'eſt pas de Fable que l'on raconte de tant de manières & auſſi différentes. Sa demeure étoit, ſuivant Apollonius, une caverne du Latmus, Mont de Carie: c'étoit le lieu ſecret de ſes rendez-vous myſtérieux avec la Lune: c'étoit-là qu'il ſe livroit tant au ſommeil. Ce ſommeil d'Endymion étoit-il ſimplement un repos de jour néceſſaire après les fatigues de la chaſſe à laquelle il paſſoit les nuits? N'étoit-ce que le fruit de la demande d'Endymion lui-même à Jupiter, pour éviter la colère de ce Dieu jaloux de voir un Berger aimer Junon & ne pas lui déplaire? Seroit-ce, comme le prétendent certains Écrivains, un repos paiſible, prix & récompenſe de ſa juſtice & de ſes vertus, ou ne ſeroit-ce, au contraire, que le ſymbole honteux de la pareſſe? Nous ne prononcerons pas plus ſur l'origine de ce ſommeil, que ſur ſa durée, ſur laquelle les Auteurs ne s'accordent point. Cicéron veut qu'il dorme toujours, qu'il dorme même encore, & que la Lune n'ait de lui, que des baiſers pour prix de ſon amour. Le ſommeil, nous dit *Licimnius de Chio* dans *Athenée*, épris des charmes d'Endymion, le fait dormir, les paupières relevées, pour jouir de la beauté de ſes yeux. Fulgence ne donne à ſon ſommeil que la durée de trente années: & Nonnus, de ſon côté, veut qu'il ne dorme

Tome III. H

jamais. Quant à ſes prétendus amours avec la chaſte Diane, rien de plus
ſimple que la ſource de cette fiction embellie de tant de manières par la
plume des Poëtes ; nous croyons volontiers avec Pline & Lucien qu'Endymion eſt
le premier qui ait découvert la marche, les phâſes, les mouvemens, les
périodes de la Lune, enfin tout ce que nous obſervons en elle : & que ſes
obſervations nocturnes pendant leſquelles cet Aſtre ſembloit ſe dévoiler avec
complaiſance aux yeux de ce Berger, ont donné lieu à l'hiſtoire fabuleuſe de ſes
amours avec cette Divinité. Noël le Comte, dans ſa Mythologie, a réuni tous
les ſyſtêmes que cette fiction a engendrés : l'Auteur des explications des
Antiquités d'Herculanum les a dernièrement raſſemblées (1) ; nous nous contenterons donc d'y renvoyer nos Lecteurs, & nous ne nous occuperons pour l'inſtant
que de la Statue qui nous repréſente ce Berger fameux. Quelle expreſſion le
Sculpteur habile n'a-t-il pas ſçu donner au marbre ! Voulant tout-à-la-fois
exprimer & le goût d'Endymion pour la chaſſe, & les inclinations de ſon
cœur pour la Lune, il lui a baiſſé les épaules, courbé les reins : il l'a poſé
dans l'attitude d'un homme qui écoute d'une oreille attentive le moindre bruit
que peuvent faire les animaux qu'il veut ſurprendre, & dont la tête, tout
en écoutant, ſe tourne avec plaiſir pour contempler l'Aſtre qu'il chérit. Entre
ſes genoux eſt un chien dont la forme annonce les fonctions de chaſſeur, &
qu'il retient pour l'empêcher de le priver, par des aboyemens indiſcrets, de la
proie qu'il deſire. Dans cette explication nous avons plus d'une fois, par le
nom de Berger, déſigné Endymion, que des Mythologues inſtruits prétendent
avoir été Roi d'Élide ; mais ces deux ſentimens ne paroiſſent éloignés l'un
de l'autre que dans nos mœurs. On ſçait que dans le ſiècle où naquit le monde,
les premiers Rois eurent l'avantage d'être Paſteurs.

PLANCHES XXII & XXIII.

ESCULAPE.

Plus nous avançons nos recherches ſur les différens Dieux dont le Muſeum
de Florence conſerve les antiques Statues, plus nous regrettons de n'avoir pas
entre les mains celles du ſçavant M. *Guérin du Rocher*, ſur la Mythologie :
elles fixeroient peut-être enfin nos pas au milieu du dédale des Fables : & ce
deſir nous eſt bien naturel dans ce moment où nous avons à parler d'Eſculape,

(1) Antiquités d'Herculanum, *Tom. III.* pag. 7 & ſuiv. édit. de David.

fur lequel on eft fi peu d'accord. Il n'a pas exifté, nous difent les uns, toute
fa fabuleufe hiftoire n'eft que l'emblême de la température de l'air néceffaire
aux hommes pour leur fanté : & c'eft, d'après ce principe, que *Noël le Comte*
explique toutes les circonftances prétendues de fa vie , fa naiffance comme
fils d'Apollon & de Coronis , la génération de fes enfans, les effets de fon
fçavoir, & l'origine aftronomique de ce bâton entouré de ferpens qu'on lui
donne pour attribut. Il y a plus d'un Efculape, nous dit au contraire *Cicéron* : on
connoît leurs parens , on connoît leurs tombeaux. *Le premier eft fils d'Apollon ,*
il inventa la fonde & la manière de panfer les plaies. Le fecond , frère du fecond
Mercure , a fa fépulture à Cynofure , & ce fut lui qui périt frappé de la foudre : le
troifième , à qui l'on doit l'ufage des purgations , & qui trouva l'art d'enlever
les dents , eft fils d'Arfippe & d'Arfinoë : près du fleuve Lufius on montre
fon tombeau , & l'on voit le bois qui lui eft confacré. Sanchoniaton indique un
Efculape plus ancien ; il étoit, nous dit-il , fils de *Sydick* ou *le Jufte* & d'une
des Titanides : c'étoit le huitième de fes enfans & le frère des Cabires. *Marsham*
fait un Efculape, Roi de Memphis, fils de Ménès, frère de Mercure premier ,
deux cent ans après le Déluge. *Bochart* en décompofant fon nom & recou-
rant à fes racines , le fait fortir des pays Orientaux. *Fourmond* le donne
pour frère d'Éliézer, qu'il dit être le même qu'Hermès, & le fait naître de
Caleb, ville de Phénicie, de laquelle, ainfi que le *P. Thomaffin,* il dérive fon nom.
Huet a raffemblé mille vraifemblances , pour en conclure affirmativement
qu'Efculape eft Moyfe. L'Abbé Bannier ne trouve pas fes conjectures fort
bonnes : il met un Efculape en Phénicie, un autre en Égypte, il les tranfporte en Grèce à l'aide des Colonies de Cadmus & de Danaüs : enfin, du
tems d'Hercule & de Jafon, il en fait paroître un troifième que l'on met
au rang des Dieux , & dont le culte récent confondu avec l'ancien , fait oublier
les premiers. Si nous lifons *Eufèbe ,* nous trouverons un Afclepius ou Efculape Égyptien , qu'il nomme *Toforthrus ,* Médecin célèbre , à qui l'on
attribuoit encore l'invention de l'Architecture , & que l'on difoit avoir con-
tribué beaucoup à répandre en Égypte l'ufage des Lettres, que Mercure avoit
inventées. Ce Toforthrus , fuivant M. *Guérin du Rocher,* dont nous avons,
à deffein, rapproché le fentiment de celui d'Eufèbe , eft *Ifmaël,* fils d'*Agar, &,*
quoique cet Ifmaël, père d'une nombreufe génération, fource commune des
habitans de l'Arabie, qui ont donné des Médecins à une grande partie de
l'Europe, ne paroiffe pas avoir jamais exercé l'art de guérir fes femblables ,

H 2

cependant une double méprise (1) occasionnée par des prédictions célestes faites sur lui, l'aura fait passer parmi les Égyptiens pour un homme célèbre dans la Médécine.

L'Apothéose même d'Esculape faite par les Égyptiens, & dont parle Saint *Clément d'Alexandrie*, Lib. I. des *Stromates*, paroît encore bien simple d'après l'explication de M. *Durocher*, & de même qu'une méprise l'a fait Médecin, une méprise l'a fait Dieu. *Esmon* ou *Esmunus*, qui, selon *Damascius*, cité par *Photius*, est le même qu'Asclépius ou Esculape, vient originairement d'*Ixma* ou *Isma* qui est le nom d'*Ismaël* : & les Égyptiens, prenant *El* qui signifie Dieu, pour un titre donné à *Isma*, auront regardé ce personnage fameux comme un Dieu. On voit que le syfême de M. *Durocher* n'est pas dépourvu de vraisemblance. Que sera-ce, quand il aura, dans sa Mythologie, donné le plus ample développement à ses conjectures, &, de ces parties dispersées, fait un tout dont l'accord fera naître la persuasion ? Mais jusqu'à ce moment, il faut l'avouer, nous devons suspendre notre jugement ; sans prononcer donc entre aucun de ces syfêmes que nos Lecteurs adopteront ou rejetteront à leur gré, nous allons nous contenter de donner en abrégé le sommaire de l'histoire d'Esculape.

Homère, ou, du moins, l'Auteur des hymnes qu'on lui attribue, nous donne Esculape pour fils d'Apollon & de Coronis, fille de Phlégias. La tradition qui le fait naître d'Arsinoë, fille de Leucippe, paroît invraisemblable à Pausanias. Ce Phlégias, dit cet Historien célèbre, voulut faire un voyage dans le Péloponèse, & prit avec lui sa fille Coronis : elle étoit grosse : son père ne s'en étoit point apperçu : pour cacher sa grossesse, Coronis alla du côté d'Épidaure, &, devenue mère d'un fils, elle l'exposa sur une montagne couverte de myrtes, qui, bientôt quittant son nom de *Myrtion*, fut, de cette aventure nommée *Titthyon* ou *Titthyas*, comme si l'on disoit *mammelle*. Abandonné,

---

(1) « Ismaël, suivant la promesse faite à Abraham, a dû former une Nation, & une Nation considérable ; sa postérité s'est en effet prodigieusement étendue.

Le texte Hébreu porte mot pour mot, qu'il sera en Nation, & en Nation grande, considérable, *l-gui-gdul*. Le mot *gui*, qui signifie Nation, approche de *gee*, qu' signifie Médecine ; ainsi les Égyptiens, en se méprenant, auront cru qu'Ismaël ou Tosorthrus avoit dû être un grand homme pour la Médecine.

L'Écriture dit encore d'Ismaël, qu'il sera un homme féroce, en Hébreu *phra* : en transposant une lettre, les Égyptiens ont pu lire *rpha*, qui signifie Médecin : notez que le mot *phra* est ici dans un sens figuré..... Les Égyptiens ne l'auront pas compris, & auront cru devoir lire autrement ». M. *Guérin du Rocher*, *Hist. des Tems fabuleux* T. I. p. 439.

le fils de Coronis eut pour première nourrice une des chèvres du troupeau d'*Ariſthènes* ſuivant les uns, & ſuivant d'autres d'*Antolaüs* : puis il fut nourri par Trigone, femme vraiſemblablement de l'un ou de l'autre de ces chevriers. N'omettons pas une circonſtance particulière de ſa naiſſance. Coronis, quoiqu'enceinte du plus beau des Dieux, lui fut infidèle, & le fils d'Élétus, Iſchys, même pendant ſa groſſeſſe, obtint ſes faveurs ; mais elle paya cher ſon infidélité : au milieu des travaux laborieux de l'enfantement, Diane, pour venger ſon frère, la fit périr, & quand on la mit ſur le bûcher, Mercure ou Phœbus lui-même, comme nous l'apprend Ovide, par le moyen d'une flèche, retira de ſon ſein perfide le naiſſant Eſculape. Laiſſons d'autres Auteurs confondre Coronis avec une corneille, & faire ſortir le Dieu de la Médecine, de la coque d'un œuf de cet oiſeau. Permettons à quelques Écrivains de donner pour origine à l'Eſculape de la Grèce, ſous le manteau duquel tant de Charlatans ſe ſont depuis cachés, l'imagination ruſée d'un Prêtre Charlatan, qui, après avoir mis dans l'œuf vuidé d'une corneille un petit ſerpent, aſſemblant le peuple, faiſant des prières à Apollon, caſſant enſuite l'œuf, criant au miracle, puis emportant le ſerpent dans ſa demeure, puis en montrant, quelques jours après, un fort grand qu'il avoit élevé, dit enfin à ſes Auditeurs étonnés, que ce ſerpent ſi prodigieuſement groſſi étoit celui qu'ils avoient vu eux-mêmes ſortir de l'œuf, que c'étoit le fils d'Apollon, Eſculape, Dieu de la Médecine. Le ſymbole de ce Dieu, qui étoit un ſerpent, fut ſans doute la cauſe de cette fiction. Eſculape fut remis, pour ſon éducation, entre les mains du fameux Chiron, des leçons duquel il profita ſi bien. Appellé d'abord ſeulement *Apius*, qui ſignifie doux & facile, la guériſon d'*Aſclès*, tyran d'Épidaure, lui fit donner enſuite, nous dit Tzezès, le ſurnom d'*Aſclépius* ; ſon épouſe fut *Épione*, de laquelle il eut pour fils *Machaon* & *Podalire*, & pour filles *Hygiéa*, *Églé*, *Panacéa* & *Jaſo*. Sa Science dans l'art de guérir étoit ſi grande, que l'on prétendoit qu'il reſſuſcitoit même les morts, & que, ſuivant Diodore & d'autres Mythologues, Pluton le cita devant le tribunal de Jupiter pour s'y plaindre des torts qu'il faiſoit à ſon Empire. La vie qu'il rendit à Hyppolite lui cauſa la mort que lui donna Jupiter en le frappant de la foudre ; mais il fut mis au rang des Dieux, & ſon culte ſe répandit de tous côtés. Dans combien de Villes, en effet, Pauſanias nous le montre-t-il établi. D'Épidaure, où ſa fête ſe célébroit avec la plus grande ſolemnité, & où les honneurs divins étoient ſi ſoigneuſement rendus, tant au ſerpent ſous la figure duquel on repréſentoit cette Divinité, qu'à la Statue que *Thraſimède* de Paros avoit ſi habilement taillée, paffé à Athènes, il devint commun à plufieurs Villes de la Grèce. *Archias* par reconnoiffance de la guérifon d'une bleffure qu'il avoit reçue, porta le nom & le culte d'Efculape à Pergame. Smyrne le reçut enfuite. On lui éleva un temple dans l'Ifle de Crète. Dans la Cyrénaïque, les habitans de Balanogre lui en confacrèrent auffi fous le titre d'Efculape ιατρϱ, *Médecin*. Paufanias parle encore de celui qu'on lui bâtit dans la Phocide, fous le nom d'*Archagète*; d'un autre qu'Hercule avoit conftruit, près d'un bourg de la Laconie, peu loin du temple de Jupiter *opulent*, & où il avoit fait adorer Efculape fous le nom d'*Afclépius Cotyleus*, à caufe de la guérifon qu'il avoit obtenue de lui d'un coup reçu à l'emboîture de la cuiffe. A foixante douze ftades environ d'Acres, cet Hiftorien nous montre un temple dédié à ce même Dieu furnommé *Phi-lolaüs*, &, près du fleuve Ladon, il nous en découvre encore un élevé en l'honaeur d'*Efculape enfant*. Vers l'an 462 de Rome, les habitans de cette Capitale du monde, attaqués de la pefte, introduifirent le culte d'Efculape parmi eux, & lui conftruifirent un temple au milieu d'une Ifle du Tibre, dont ils décorèrent les bords avec un quai de marbre bâti fous la forme d'un vaiffeau.

Dans le bois facré dont parle Paufanias & dont cet Hiftorien fait une defcription impofante, tous les cinq ans, au retour de la belle faifon, lorfque le printems qui femble donner aux hommes une nouvelle exiftence & faire revivre toute la Nature, commençoit à paroître, neuf jours après les jeux Ifimiques, les habitans d'Épidaure en célébroient de folemnels en l'honneur de la naiffance d'Efculape. Ces jeux fe célébroient encore, mais avec moins de magnificence en plufieurs autres endroits. Il y avoit des combats de Muficiens, dont quelques infcriptions que rapporte Meurfius, dans fon ouvrage intitulé *Græcia feriata*, nous confervent la mémoire.

Parmi les animaux offerts au Dieu de la Médecine, on compte le taureau, le porc & l'agneau que les habitans de Titane immoloient fur fes autels; mais le ferpent, la chèvre & le coq lui étoient fpécialement confacrés. Le ferpent étoit fon emblême, & annonçoit encore la prudence néceffaire à tous ceux qui pratiquent l'art divin de la Médecine. La chèvre ayant allaité ce Dieu avoit des droits pour lui être confacrée. D'ailleurs, ne devoit-on pas mettre fous la protection du Dieu des guérifons, un animal que, trompés par l'activité de fon fang, les Anciens regardoient comme toujours brûlant d'une fièvre continue? Enfin, le coq que le fage Socrate, lui-même, en mourant, voulut qu'on immolât à cette même Divinité, lui convenoit fingulièrement, puifqu'il eft le fymbole de la vigilance indifpenfable aux Médecins.

Parlons maintenant des Statues de cette Divinité que possède le Muséum des Médicis. La première, dont le burin s'est efforcé de rendre les grâces sévères & la noblesse sur la Planche XXII, est vraisemblablement le reste d'un beau grouppe, où près d'Esculape étoit la figure d'Épione son épouse, ou plutôt encore d'Hygie sa fille, & cette vraisemblance devient certitude & vérité quand on apperçoit, sur le dos du Dieu, des fragmens de doigts qui annoncent le bras d'une Statue voisine qui le tenoit embrassé. Plusieurs Artistes célèbres de l'Antiquité (1) se font plu à réunir ces deux Divinités. Pausanias parle de ces grouppes. *Winkelmann dans sa description des Pierres gravées de Stosch, seconde Classe, Mythologie sacrée*, Nos. 1420 & 1421, cite une *Amethyste* & une *Cornaline* où l'on voit *Esculape & la Déesse Hygiéia debout, qui semblent se parler.* Nous ignorons à quel ciseau est due la Statue qui nous occupe ; mais nous croyons pouvoir assurer qu'elle est sortie des mains d'un des meilleurs Artistes de la Grèce. Sa tête est pleine de grandeur, elle tient beaucoup de celle de Jupiter, & c'étoit, nous dit le même Winkelmann, dans son histoire de l'Art, un usage adopté par les plus sçavans Artistes de lui donner cette ressemblance.

La bandelette ou couronne qui ceint son front par-dessus les cheveux qui le recouvrent, indique le bandeau de laine qu'on lui donnoit. De la main droite, qui est la gauche sur notre Planche, ce Dieu tient un petit faisceau d'herbes médicinales. Ces herbes sont apparemment celles qu'Hygin prétend avoir été indiquées par un serpent à Esculape pour la guérison de Glaucus, ou bien, en général, elles ne font qu'annoncer l'Art que cultivoit si heureusement ce Dieu, & qui tire tant de secours du suc des plantes & des simples. A Pergame, c'étoit sans doute par ce même motif que l'on suspendoit des plantes médicinales à la voûte du temple de cette Divinité. Quand l'ensemble de la figure, le bandeau, les herbes n'eussent pas fixé notre jugement sur cette Statue, le bâton mystérieux entouré d'un serpent ne nous eut pas permis de méconnoître Esculape ; c'est ce même bâton que, sur une *Cornaline* du Cabinet de *Stosch*, on voit *Minerve*, appuyée contre une colonne, donner à ce Dieu.

La Planche XXIII nous offre encore l'image de ce même Esculape : c'est la copie fidelle d'une petite Statue de marbre qui ne manque pas de beauté.

---

(1) *Æsculapium cùm Hygia sculpsere artifices præstantissimi Scopas, Straton & Nicetatus ; cujus opus Romæ conditum est in templo concordiæ, ut memorat Plinius.* Voyez Gori, *Musei Florentini*, Tom. III. pag. 31.

Le bandeau de laine, dont la tête eſt ceinte, eſt fait comme une corde, &
par-derrière ſur les épaules retombent les rubans qui l'attachent. Son menton,
ainſi que dans la Statue précédente, eſt garni d'une barbe abondante, & c'eſt
un des attributs ordinaires de ce Dieu, quoiqu'au rapport de Pauſanias, on
ait vu ſans barbe une de ſes Statues. Ses pieds ne ſont pas nuds, mais ornés
de chauſſures très-belles. Nous ne parlerons pas du ſerpent auquel le Dieu
préſente à manger : ce n'eſt point l'ouvrage du même Auteur qui a fait la
Statue : un Artiſte moderne a commis cette erreur; plus de connoiſſance dans
l'Antiquité la lui eut épargnée, il eut ſçu que ce pouvoit bien être un attribut
d'Hygie; mais non pas d'Eſculape, qu'il eut pu voir, ſur plus de ſix cens
monumens, n'avoir auprès de lui que ſon bâton autour duquel rampe &
tourne le ſerpent.

Il n'eſt pas hors de propos de profiter de cette occaſion pour expoſer
notre opinion ſur ces petites Statues des Dieux que l'on trouve ſouvent.
Elles ont pu être faites pour être placées dans les Chapelles domeſtiques,
ou pour décorer les bâtimens occupés par les Bibliothèques, ou pour orner les
Muſeums; mais ne ſeroit-il pas poſſible auſſi qu'on en eut fait quelquefois
pour les oſtrir à d'autres Dieux, ſoit en formant des vœux, ſoit par reconnoiſſance & en actions de graces pour quelques bienfaits ? Cet uſage n'étoit
pas auſſi peu commun qu'on pourroit le croire; entre pluſieurs preuves que
nous pourrions en donner, nous choiſirons l'inſcription d'une Pierre antique
qui nous atteſte que *Valerius Symphorus* & *Protis* ont conſacré à Eſculape
une petite Statue du ſommeil en bronze. Voici cette inſcription figurée :

DEO. AESCVLAPIO

VAL. SYMPHORVS. ET. PROTIS

SIGNVM. SOMNI. AEREVM

TORQVEM AVREVM EX

DRACVNCVLIS DVOBVS. P. CL

ENCHIRIDIVM. ARGENTI

P. CCCL ANABOLIVM OB

INSIGNEM CIRCA SE NVMINIS

EIVS EFFECTVM

V. S. L. M.

Cette

Cette offrande d'une Statue du Sommeil à Efculape étoit bien raifonnable affurément, puifque les Anciens croyoient que le fommeil pris dans le temple de cette Divinité, & fon apparition pendant le repos de la nuit, guériffoient les maladies. Paufanias nous apprend, que ces fortes de petites Statues fe plaçoient dans les mains des grandes, que, dans les folemnités, les Prêtres les portoient aux temples, qu'ils les remportoient après les facrifices, & demeuroient chargés de les garder.

Par honneur on portoit encore ces petites Statues fur des brancards & des charriots aux jeux du Cirque, & dans les folemnités des pompes triomphales. On les plaçoit même auffi fur les tables au milieu des repas comme Protectrices & Gardiennes des convives. Qui ne connoît point la petite Statue d'Hercule *Épitrapèʒe*, ainfi nommée, parce qu'elle accompagnoit les vafes fervis fur les tables pendant les feftins, & que *Nonnius Vindex*, cet Amateur inftruit des ouvrages de l'Antiquité, plaçoit fur la fienne avec d'autres figures de bronze ou d'yvoire, pour récréer les yeux de ceux qu'il y raffembloit. Cette Statue, grande d'un pied, faite en bronze, étoit un des chefs-d'œuvres de *Lyfippe*, Contemporain d'Alexandre, auquel il l'avoit offerte. Hannibal l'avoit eue, &, comme dit poétiquement Martial, dans la quarante-quatrième Epigramme du Livre IX, fâchée de toutes les cruautés dont elle avoit été témoin chez Sylla, qui l'avoit auffi poffédée, elle avoit préféré de venir habiter chez le docte *Vindex*, dont la maifon paifible, le cœur pur, l'ame noble & les douces manières rappelloient la réception ancienne du Berger Molorchus au Dieu dont elle étoit l'image. Statius Papinius, frappé des beautés de cette Statue, dans un feftin auquel *Vindex* l'avoit invité, la célébra dans fes Vers où il s'eft plû à en décrire la forme, les charmes & jufqu'aux moindres détails.

PLANCHES XXIV & XXV.

HYGIE.

Fille d'Efculape, Hygie étoit regardée comme la Déeffe de la Santé, & de-là, cette vénération que les Grecs & les Romains ont eüe pour elle, & dont nous retrouvons mille veftiges dans les Temples, les Statues, les Autels & les infcriptions que nous voyons, ou dont les anciens Écrivains nous ont confervé la mémoire. Très-fouvent fa Statue accompagnoit celle de fon père, comme nous l'apprend Paufanias, & plufieurs Pierres gravées citées par *Winkelmann*, dans la defcription de celles du Baron de Stofch, nous atteftent qu'on fe plaifoit à réunir leurs images.

Tome III. I

Le ferpent lui eft confacré ainfi qu'à Efculape. Dans fes Statues on en voit ordinairement un près d'elle : il fe replie quelquefois autour de fon bras ou autour de fon corps : elle le nourrit dans une paterre qu'elle lui préfente ou avec des pavots : & cet emblême indique que , femblable à cet animal qui fe dépouille annuellement de fa peau pour en prendre une nouvelle , la nature humaine recouvrant la fanté par les bienfaits de cette Déefle, ac-quiert , pour ainfi dire , une nouvelle exiftence. Paufanias nous donne la defcription d'une des Statues de cette Divinité qui étoit à Sycione , & dont on voyoit feulement la tête, les mains & le bout des pieds, tant elle étoit recouverte par fes vêtemens. Les femmes fe coupoient les cheveux pour les lui offrir. Athenée nous apprend qu'on avoit donné le nom d'Hygie ὑγίειαι à ce que l'on emportoit du temple des Dieux, & que l'on croyoit devoir pro-curer la fanté , parce que cela venoit d'un lieu facré : c'étoit ou de petits morceaux de gâteaux offerts ou quelque branche de feuillage.

Hygie étoit chez les Romains la même que *Salus* ; ce fut à cette Divinité, nous dit Tite-Live , que le Cenfeur *Junius Babulo* fit élever un temple dans la fixième région de la Ville, & près d'une des portes, qui, du nom de la Déefle prit celui de *Salutaris. Nardini* croit que ce font les débris de ce temple que l'on voit encore dans les Jardins des *Colonnes* ; mais il n'eft pas d'accord avec d'autres Antiquaires qui regardent ces reftes précieux de colonnes antiques comme les derniers veftiges du temple du Soleil, qui étoit effectivement dans ce même quartier de Rome. On entend fouvent les Anciens parler des *Augures de la Santé.* Or, les Prêtres de la Déefle *Salus* s'en étoient char-gés : ils s'étoient arrogés feuls le droit de demander aux Dieux la fanté de chaque particulier & de tout l'Etat, comme fi chacun n'eut pas pu la deman-der lui-même, dit judicieufement l'Abbé *Bannier* ; au furplus, cette cérémonie des Augures, quelque folemnelle qu'elle fut, ne les fatiguoit pas beaucoup: il falloit que pendant l'année il ne fut parti aucune armée & que l'on fut dans une profonde paix ; & dès-lors, chez cette Nation guerrière, il fe paffoit fouvent bien du tems fans pouvoir prendre les Augures de la Santé.

Nous ne pafferons pas ici fous filence un tour ingénieux d'*Antiochus Soter,* que nous a confervé Lucien. Dans une guerre contre les Galates, fes armes n'avoient pas tout le fuccès qu'il defiroit. Le danger donne des reffources, & l'imagination fertile de ce Commandant en trouva bientôt. Il feignit que pendant fon fommeil, Alexandre, le grand Alexandre, lui étoit apparu, & lui avoit dit: « Fais des images d'*Hygie* , attache-les fur les vêtemens de tes foldats, & tu

» auras la victoire ». Les Tribuns auffi-tôt fe parèrent de cet heureux Talif-
man , & *Soter* éprouva combien eft grand fur les ames humaines l'empire du
merveilleux.

Winkelmann , dans fa defcription des Pierres gravées du Baron de *Stofch ,* dit
que la Déeffe *Hygieia* ou *Salus* eft la même que *Minerva Médica.* Cette Minerve
falutaire eft repréfentée Planche X & Planche XIII, parmi les Pierres antiques
de Stofch que B. Picart a gravées. Elle étoit adorée dans la forterefle d'Athènes,
où fa Statue d'airain avoit été placée par Périclès , après la guérifon d'un petit
Efclave qui lui étoit cher, & qui, tombé du haut du temple que l'on bâtiffoit,
échappa à la mort par le moyen de l'herbe, appellée *Pariétaire,* que Minerve
montra en fonge à ce Prince , ainfi que Pline le raconte. Les Oropiens l'ado-
roient auffi dans le temple d'Amphiaraüs , fous le nom de *Minerve Pæoniène* ou
Salutaire.

Des deux Statues d'Hygie que nous publions, la première, Planche XXIV,
n'eft pas auffi belle que l'autre ; mais la feconde, qui n'a que deux pieds de
hauteur, eft faite avec beaucoup d'art.

PLANCHES XXVI, XXVII.

VÉNUS, *connue fous le nom de Vénus Médicis.*

Le nom feul de Vénus flatte l'imagination. Il fait naître les idées les plus
riantes. On fe peint avec plaifir cette Déeffe dont les charmes & la beauté font
oublier le crime de Saturne, caufe de fon exiftence. On la voit , pour ainfi dire,
fortant du fein des eaux, plus éclatante que l'écume blanchiffante qui l'a formée,
portée fur la conque divine qui lui fert de char, & voguant paifiblement
jufqu'à Cythère où elle aborde. On croit refpirer l'odeur fuave des fleurs que
les Poëtes ont dit naître fous fes pas & dont ils lui font une éternelle couronne.
Nous aimons à nous repréfenter les aimables Heures, fes inftitutrices, lui donnant
des leçons qu'il nous femble entendre. Nous la fuivons jufques dans l'Olympe
où tous les Dieux font épris de fes appas, & , fi nos ames délicates font , avec
raifon , attriftées de la voir fe livrer à des amours illicites, elles fe rappellent,
malgré elles , comme pour l'excufer involontairement , qu'il étoit bien cruel de
donner, à la plus belle des Déeffes, le plus laid des Dieux pour époux. Quelle idée
ne fe forme-t-on pas encore de fa ceinture myftérieufe, ennoblie fous le nom
de Cefte, dont on a tant chanté les merveilles ? Chaque fouvenir de cette

féduifante Divinité donne celui des Graces qui l'accompagnent, de l'Amour dont elle eft mère, des ris & des jeux qui compofent fa fuite. La rofe qu'elle colore de fon fang croît fous nos yeux & s'entrelace au myrthe qu'on lui confacre. Les cygnes qu'elle aime femblent jouer devant nous au milieu des eaux qui lui ont fervi de berceau, & les moineaux, qui paroiffent avoir le plus participé aux influences de cette Déeffe, mêler leurs jeux à ceux des colombes qu'elle chérit. Enfin notre efprit, jouiffant de fes propres illufions, voit cette immortelle beauté régner à Cythère, à Paphos, à Gnide, lieux de délices, qu'il feint aifément être le féjour du bonheur, & dont rien n'efface les charmes que ceux de la Déeffe que l'on y adore.

Mais fi nous voulons enfuite rechercher ce qu'étoit réellement cette Vénus tant vantée, les tableaux brillans tracés par notre imagination difparoiffent: l'hiftoire, dans fes vaftes rouleaux où elle a entaffé les faits de tous les fiècles, ne nous offre aucun trait dans lequel on puiffe reconnoître ce que l'on raconte de cette Divinité, & les Sçavans qui veulent en elle retrouver une ou plufieurs femmes célèbres par leurs aventures galantes, ne nous paroiffent avoir fait que de doctes rêves. Refpectons donc le fommeil de ces érudits. Qu'ils trouvent au milieu des aftres cette Déeffe, qu'ils la multiplient autant que le befoin l'exige, qu'ils lui donnent autant de noms qu'elle a eu de Temples ou de fonctions: qu'ils voyent en fonge, ainfi que *Palephate*, un certain *Sol*, fils d'un *Vulcain*, Roi d'Égypte, vengeur fameux des adultères plaifirs de fes fujets, donner lieu à la fable de Vulcain qui, dans fes rets perfides, furprend fa coupable époufe: que fous le voile des amours de Mars & de Vénus, décrits fi voluptueufement par Homère, ils croyent, avec le *Père Hardouin*, retrouver l'emblême d'une guerre ancienne: pourquoi troubler leurs fonges dès qu'ils leur font flatteurs? Ainfi Mars, à leurs yeux, peut être l'efprit guerrier, Vénus la ville de Troye, Protectrice des amours de Pàris. La maifon de Vulcain qui fert de theâtre à leur paffion fera l'arfenal d'où l'on tirera des armes pour la guerre. Vénus & Mars furpris fous les filets de fon époux, ne leur paroîtront rien autre chofe que les Troyens refferrés dans leurs murs, & ne pouvant plus faire de fortie contre les Grecs. Si Vulcain fe plaint des amours criminels de fon époufe, ce fera une leçon de morale qui défendra aux humains de s'armer pour des fujets auffi frivoles. Quand Mercure fe mettra de la partie, le corps des Marchands Troyens agira pour foutenir la Patrie, & Neptune, en priant de délivrer Mars, deviendra le fymbole de la flotte Grecque, qui preffera & forcera les Troyens de céder. Ces rêves, comme les autres, fruits d'une imagination échauffée, ont du moins l'avantage de n'être pas nuifibles ; mais comme, pour expliquer les Fables, en compofer de nouvelles, c'eft une folie, nous aimons mieux avouer, en rougif-fant pour nos Pères, que Vénus & fon culte n'offrent que le culte d'une paffion divinifée. Ainfi le croyoit autrefois Lucrèce (1) : ainfi le penfoit Cicéron, dont il eft important fur cette matière de citer le témoignage. « Comme le pouvoir » de toutes les paffions, dit cet Orateur éloquent, eft tel qu'on ne peut la » modérer fans le fecours d'un Dieu, on a donné le nom de Dieu à la paffion » même. Ainfi Cupidon, la Volupté, Vénus font devenus des noms facrés, » quoiqu'ils défignent des affections vicieufes (2) ». *Noël le Comte*, adoptant ce fyftème, l'a étayé de mille preuves ; & M. l'Abbé *Bergier* femble, par le fecours des étymologies, les avoir complettées. Nous ne répeterons pas ici ce que ces Sçavans ont écrit : leurs Livres font entre les mains de tout le monde, & il feroit trop long ici de faire un abrégé qui pourroit peut-être atténuer la force de leurs raifonnemens. D'ailleurs, pour ne point bleffer la décence, dans une matière qui en fournifloit fi facilement l'occafion, le fecond de ces Auteurs a employé des tournures que nous ne pourrions refferrer qu'en nous fervant des expreffions laconiques qu'il a voulu éviter, & nous voulons nous piquer toujours d'être, au moins en ce point, fes rivaux, & de n'offenfer jamais la pudeur.

Le *Mufeum de Florence* renferme plufieurs Statues de cette Divinité. La plus belle, fans doute, eft celle qui eft connue fous le nom de *Vénus de Médicis*, & que nous offrons Planches XXVI & XXVII, fous deux afpects, à raifon de fa beauté. Cette Statue trouvée, à ce que l'on prétend, à Rome, dans les terres où étoient les jardins de Néron, achetée à grand prix par *Ferdinand I*, Grand Duc de Tofcane, à qui le Mufeum doit tant de richeffes, a été confervée long tems dans le Palais Médicis, d'où elle a pris le furnom qu'elle porte actuellement : puis, du confentement d'*Innocent XI*, en 1677, elle fut pendant le règne de *Cofme III* tranfportée à Florence, qui fe glorifie de la pofféder.

---

(1) Lucrèce, *Lib. IV*.

Deux Vers qu'on lit dans *Noël le Comte*, expofent en termes plus honnêtes ce que dit Lucrèce, que nous ne faifons qu'indiquer fans rapporter fon témoignage trop peu décent.

Nil amor eft alius Veneris quàm prava voluptas,

Quæ fimul expleta eft, injicit ora rubor.

(2) *Quarum omnium rerum quià vis erat tanta, ut finè deo regi non poffet, ipfa res deorum nomen obtinuit. Quo ex genere Cupidinis & Voluptatis & Lubentinæ Veneris nomina confecrata funt, vitiofarum rerum neque naturalium,* Cic. de Nat. Deor. Lib II, N. 45, édit. de 1554, Henr. éti. *in-fo.*

Du tems de Pline, il y avoit au Cirque une Vénus de *Scopas*, Auteur de celle-ci, rivale de celle de Cnide faite par *Praxitèle*. Nous difons la rivale, pour éviter de prononcer entre M. *Falconet* & MM. les Abbés *le Blond* & *de la Chau*. On fçait combien leur querelle a été vive : le premier vouloit accabler les deux interprêtes du Cabinet d'Orléans du poids de l'autorité des gens de Lettres qui avoient traduit ce morceau d'une manière favorable à fon opinion & auxquels il eut pu ajouter *Gori* : ceux-ci lui reprochoient durement de ne s'être pas mis en état d'entendre le Latin de l'Hiftorien Philofophe, & de n'avoir pas faifi la fignification propre & première du mot qu'il avoit voulu rendre. Pline à la main, nous avions voulu juger à notre tour qui des combattans devoit avoir la victoire, nous avions péfé leurs raifons : comment nous étions nous dit, M. *Falconet*, entre deux fens qu'offre une phrafe, dont l'un préfente une contradiction dans l'Auteur & l'autre une vérité, a-t-il pu choifir celui qui faifoit accufer Pline d'inconféquence ? Mais c'étoit précifément une inconféquence qu'il vouloit prouver, & en fuivant ce but il a pu être entraîné par l'exemple de bien des Sçavans, qui certes fçavoient cette langue, qu'on veut le foupçonner de ne pas entendre : il a pu être captivé par l'idée de cette rivalité, que Pline lui-même établit entre *Praxitèle* & *Scopas*, au fujet defquels eft née la difpute : &, voyant l'Hiftorien dont il cherchoit à furprendre le fens, parler du mérite refpectif des antiques Statuaires & non des fiècles qu'ils ont illuftrés, ce Sculpteur, dont notre âge s'enorgueillira d'avoir vu naître les chef-d'œuvres, a conclu que Pline parloit de la beauté & non de l'ancienneté de l'ouvrage. MM. *le Blond* & *de la Chau* avoient à parler de la Vénus de Cnide, toute l'Antiquité leur fourniffoit des preuves de fa beauté, &, voulant l'exalter au-deffus de tout ce que l'art avoit pu produire, ils ont cru devoir braver M. *Falconet* (1) & fon opinion. Ils trouvoient l'occafion de venger un grand homme accufé d'une *furieufe inadvertence* : ils avoient pour eux le fens naturel du mot qui feul fervoit de bafe au raifonnement de leur adverfaire, ils croyoient peut-être auffi que, parlant du mérite

---

(1) On peut voir tout ce qui a rapport à cette difpute, dans l'ouvrage de MM. *le Blond* & *de la Chau*, *defcription des Pierres gravées d'Orléans*, Tome I, pag. 130. Dans les *Œuvres de M. Falconet*, Tom. *IV*, première édit. pag. 371, & dans les Feuilles du *Journal de Paris*, depuis le 25 Février jufqu'au 27 Avril 1783. M. *Falconet*, dans la dernière édition de fes Œuvres, Tom. *II*, pag. 50 & fuivantes, a donné une nouvelle force à fes raifonnemens. Cette édition a paru fous le titre d'*Œuvres diverfes concernant les Arts* ; par M. *Falconet*, à Paris, chez Didot, fils, 1787.

de deux Sculpteurs mis en concurrence, un combat ne fuppofant pas toujours une victoire, la Statue de Cnide que Pline avoit regardée, non-feulement comme la plus admirable production de *Praxitèle*, mais comme le plus beau morceau de l'Univers, placée à côté de celle de *Scopas*, pouvoit fouffrir ce combat fans ceffer de lui être fupérieure, & que dès-lors c'étoit à tort qu'on attribuoit à Pline cette inadvertence. Pleins de cette idée, & fe regardant tout à-la-fois comme les vengeurs de Praxitèle, des interprêtes de Pline, de Pline lui-même, de leur propre opinion, ils ont traité M. *Falconet* comme un téméraire, auquel ils n'ont pas rougi de faire le reproche, de n'avoir pas tenté de déchirer le voile de l'ignorance. Attriftés d'entendre ces durs reproches fortir de la bouche des favoris des Mufes contre un de leurs plus chers nourriffons, nous nous fommes éloignés de la difpute & des combattans, & nous nous fommes dit, le tems a fait périr la Vénus de Praxitèle, & nous en a confervé une de *Scopas* fon rival. Confolons-nous & de la perte de la Statue de Cnide & des cris de fes vengeurs par la vue de ce chef-d'œuvre. Cette Vénus eft un affemblage des beautés que la Nature a réparties fur tous les corps qu'elle a formés : c'eft la réunion de fon pouvoir & de celui de l'Art. « Cette Vénus, pour me fervir des expreffions de *Winkelmann*, eft femblable » à une rofe qui paroît à la fuite d'une belle aurore, & qui s'épanouit au lever du Soleil ». Nous méfiant de nous-mêmes, pour décrire un objet fi parfait, peut-être euffions-nous joint ici la defcription faite par M. de *Jaucourt* dans l'Encyclopédie; mais nous avons été retenus par la critique folide qu'en a publiée M. *Falconet* dans fes Œuvres. (*Tom. II, deuxième édit.* pag. 39), & nous nous contenterons de renvoyer nos Lecteurs aux deux Planches qui la repréfentent. C'eft-là que malgré la diftance involontaire qu'ils trouveront entre cette figure & fon modèle, ils verront néanmoins des charmes qu'ils chercheroient peut-être envain ailleurs. Ils verront cette tête noble & décente tournée entièrement & fans efforts vers l'épaule gauche, pofition admirable qui femble indiquer la fuite d'un regard qui la bleffe. Ils admireront ce fein plein de graces, plus formé que dans la première jeuneffe; mais loin encore d'une groffeur importune, & tel enfin que Martial defiroit de conferver celui du tendre objet de fes amours (1). Ils contempleront ces formes régulières, ces contours févères & délicats, cette vérité de

---

(1) *Fafcia crefcentes Dominæ compefce papillas*
Ut fit quod teneat noftra tegat que manus. Martial.

nature qui fe remarque jufque dans ce genou rentré que M. de *Jaucourt* vouloit inutilement regarder comme un figne de pudeur, ils conviendront pourtant que cet Écrivain amateur en indiquant, pour caufe de ce mouvement du genou, le plus louable motif, ne s'écartoit point de l'intention première du Sculpteur, puifque tout, dans cette Statue, annonce ce fentiment pur. La pofition des mains femble vouloir cacher à l'œil ce que l'œil ne doit pas fixer, & nous aimons à croire que l'on penfera comme nous que cette Vénus, quoiqu'entièrement nue, fait naître plutôt l'idée de l'innocence, qu'elle n'allume le feu de la paffion.

On ne peut mieux péindre cette fituation pudique de la Reine de la Beauté que ne l'a fait *Ovide* dans les deux Vers cités par *Gori*; mais qu'il a eu tort d'appliquer indifféremment à la Vénus de Cnide ou à la nôtre, comme l'ont très-bien remarqué MM. les *Auteurs de la defcription des Pierres gravées d'Orléans* :

> *Ipfa Venus pubem, quoties velamina ponit*
> *Protegitur lævâ femireducta manu.*

Les cheveux de cette Déeffe, fans lefquels, nous dit *Apulée*, toute accompagnée qu'elle eft des Graces & des Amours, malgré fa myftérieufe ceinture, malgré les parfums qu'elle exhale, elle ne parviendroit pas à plaire, ne font point flottans fur fes épaules : ils font agréablement renoués au-deffus de la tête. Les traces de l'or qu'ils portent encore prouvent qu'ils ont été dorés anciennement, ufage affez commun autrefois chez les Romains qui l'avoient reçu des Étrufques & des Grecs. Les oreilles ont été percées & nous croyons, fans peine, qu'on y avoit attaché des diamans ou des perles de prix, afin de fervir de parure à cette Divinité. Cette remarque n'a point échappée à *Maffei*, &, comme il a vu dans *Lampride* qu'il cite, qu'*Alexandre Sévère Céfar* avoit orné la Statue de Vénus des plus beaux pendans d'oreilles faits avec les plus magnifiques perles, il n'a point été furpris de retrouver fur la *Vénus Médicis* les fignes de femblables ornemens.

Près de la jambe gauche de cette Déeffe on voit un dauphin; fur fon dos jouent deux petits Amours, auxquels l'Artifte n'a pas donné tous fes foins, ou qu'il a voulu négliger ainfi pour faire valoir davantage la figure de Vénus. On peut croire que fon but étoit de défigner ces deux Amours dont *Ovide* dit que cette Déeffe eft mère *Geminorum Mater amorum*, & que les Grecs
appelloient

appelloient *Eros* & *Anteros*, où des Amours pouvoient - ils d'ailleurs être
mieux placés qu'aux pieds de leur Reine qui en étoit environnée fans ceffe,
ainfi que le chante *Stace*, dont nous allons rendre en notre langue l'idée
agréable qu'il a fi bien exprimée dans fes Vers:

> Près d'elle, fur fa couche, eft un effaim d'Amours:
>
> Ils n'attendent qu'un figne, &, de leurs traits perfides,
>
> Ils iront des humains empoifonner les jours,
>
> De leurs feux, dans les eaux, brûler les Néréïdes:
>
> Et, fans ceffe changeant de rufes & de tours,
>
> Au féjour de la paix mettre les Dieux en guerre
>
> Et régir en tyrans le maître du tonnerre (1).

En attribuant la Statue de la *Vénus Médicis* à *Scopas*, nous fuivons le
fentiment qui nous paroît le plus vraifemblable. MM. *le Blond* & *de la Chau*
la donnent à *Cléomène*. Ils ont été fûrement entraînés par l'autorité de *Paul-
Alexandre Maffëi* qui a adopté cette opinion. Nous allons traduire ici mot
à mot ce qu'a écrit *Gori* pour la réfuter. « On eft incertain, nous dit-il,
» quel eft le véritable Auteur de cette Statue, & l'on nomme *Phidias*,
» *Praxitèle* & *Scopas;* mais je penfe que c'eft ce dernier.... L'infcription
» qu'elle porte fur fa bafe, en lettres dorées, n'eft point antique, &, pour
» ne point s'arrêter à la forme des lettres qui n'annonce pas une main
» bien ancienne, cette infcription contient une faute qui n'a pas pu échapper
» à un homme habile écrivant dans fa langue, & qui ne permet point
» d'héfiter : voici l'infcription:

ΚΛΕΟΜΕΝΗΣ Ͻ▶ ΑΠΟΛΛΟΔΟΡΟΥ

ΑΘΗΝΑΙΟΣ ΕΠΩΕΣΕΝ

» Or, affurément il n'eft pas de monument, qui ne foit reftauré, où l'on
» trouve le terme ɛπωɛσɛν: par-tout on lit ɛπωιɛι, & il ne faut pas avoir la

---

(1) Cette verfion eft fûrement bien loin de l'original : pour ne point nuire à l'Auteur nous
allons citer fes Vers.

> *Fulcra toros que Deœ tenerum premit agmen amorum*
>
> *Signa petunt quas ferre faces, quœ pectora figi*
>
> *Imperet, an terris fœvire, an malit in undis ;*
>
> *An mifcere deos, an adhuc vexare tonantem.*

Tome III. K

» moindre connoiſſance de la langue Grecque pour être trompé par cette
» expreſſion. D'ailleurs, ce Cléomène, Statuaire habile qui a joui d'une
» grande célébrité à Athènes, & parmi les meilleurs ouvrages duquel
» Pline place les Theſpiades, dont *Aſinius Pollio*, cet Amateur recherché des
» belles choſes, avoit fait l'acquiſition pour en orner ſa bibliothèque, n'eſt
» point écrit avoir donné quelque Statue de Vénus. Enfin, voici une preuve
» de ſuppoſition à la portée de tout le monde, & pour en juger, il ne faut
» avoir que des yeux. L'inſcription dont il s'agit n'eſt point gravée ſur la vraie
» baſe antique qui tient aux pieds de la Vénus ; mais ſur celle qui lui eſt
» ajoutée avec un art, il eſt vrai, capable de faciliter l'illuſion des curieux
» qui ne l'examinent pas aſſez ſoigneuſement ».

M. *Falconet*, dont nous avons déjà parlé dans cet article, paroît bien éloigné
de ſouſcrire au ſentiment que nous ſuivons, il combat même directement *Gori*
dans une diſcuſſion ſur cet objet qu'il a imprimée, *pag.* 301 *du Tome III*
de la dernière édition de ſes Œuvres. Les raiſonnemens de l'Artiſte François
peuvent ſe diviſer en deux parties : la première contient la ſolution que M. *Fal-*
conet donne aux objections de *Gori* : la ſeconde renferme des réflexions contre
la même inſcription & le même ſentiment que combat *Gori*, & ces réflexions
tendroient à indiquer un nouvel Auteur de la Statue.

D'abord, nous dit M. *Falconet,* que nous allons réſumer, le nom de *Cléomène*
eſt inſcrit au bas de la Statue. Il y eſt inſcrit ſeul. Il n'eſt pas croyable qu'au
milieu de la Grèce, au ſiècle d'Alexandre, *Cléomène* ait oſé mettre ſon nom à
une copie, ce que ne faiſoient point les anciens & modeſtes copiſtes, comme le
prouve cette inſcription qu'on lit au bas de la copie d'une Vénus par *Méno-*
phante ; *Ménophante la faiſoit d'après la Vénus qui eſt dans la Troade.*
Quoique *Pline* ne faſſe mention d'aucune Vénus ſculptée par *Cléomène*, comme
il auroit pu ignorer ce fait, ainſi qu'il en ignoroit d'autres, ce ne ſeroit pas une
raiſon pour refuſer à ce Statuaire la Vénus dont il eſt queſtion. L'écriture de
l'inſcription eſt auſſi moderne que le marbre rapporté à la Plinthe ; mais il
ſeroit ſingulier qu'on eut gravé de préférence ſur ce marbre le nom de *Cléomène*,
que l'antiquité ne faiſoit point connoître pour Auteur d'une Vénus. La baſe,
trop mutilée pour pouvoir être réparée proprement, aura été rétablie, &
l'inſcription aura été copiée en caractères modernes.... Le mot ἐποίεσεν qui fournit
une objection à *Gori* ſe trouve ſur des *monumens ſincères* ; il peut donc ſe
rencontrer ſur la Plinthe de cette Statue. Les Fauſſaires modernes n'euſſent
pas commis une faute pareille crainte de ne point donner à leur inſcription

l'air antique. Il faudroit *τπειωσπι* ; mais il n'eſt pas impoſſible, à toute rigueur, qu'un Statuaire Athénien ait pu commettre cette faute ? On trouve bien d'autres fautes d'ortographes ſur les médailles & ſur les monumens de l'Antiquité.

Un fort ancien plâtre du Prince *Gallitzin* à *la Haye*, dit enſuite M. *Falconet,* un autre que l'on conſerve à Amſterdam & que les poſſeſſeurs aſſurent être du tems de Louis XIV, pluſieurs autres encore que l'on voit en Hollande, au lieu du nom de *Cléomène*, portent celui de *Diomède* : ce nom n'eſt point gravé ſur le plâtre ; mais il a été pris au moule comme la Statue. Le plâtre du Prince *Gallitzin* eſt peut-être un de ceux que François I fit faire en Italie.... On ne connoît aucun Statuaire qui ſe nomme *Diomède* ; mais il y a eu un Ciſeleur de ce nom, & ce Ciſeleur a pu, comme *Calamis* & *Lyſippe*, devenir bon Sculpteur.... Les plâtres qui portent le nom de *Diomède* auront été modelés avant qu'on reſtaurât la baſe de la Statue à Florence, & l'on aura depuis ſubſtitué ſur la Statue le nom de *Cleomène*, Sculpteur connu, à celui de *Diomède*.... Au ſurplus, cette recherche ſur l'Auteur de la Statue eſt de la plus grande inutilité pour l'Art & pour l'Artiſte.

Cette dernière partie de l'expoſé de la diſcuſſion de M. *Falconet*, prouve qu'il ſeroit très-poſſible que *Diomède* fut Auteur de la Statue, & dès-lors il faudroit ſuppoſer une altération dans l'inſcription, altération bien forte, puiſque ce ſeroit celle du nom même de l'Auteur : il faudroit ſuppoſer, ſans autre preuve qu'une ſimple poſſibilité, que *Diomède*, de Ciſeleur ſeroit devenu Sculpteur ; mais ce ſeroit ſeulement alors changer une vraiſemblance contre une autre vraiſemblance, que d'adopter *Diomède* pour Auteur de la *Vénus Médicis* plutôt que *Cléomène*, plutôt que *Scopas*. De plus, ſi nous admettions cette dernière opinion, nous renverſerions entièrement le ſentiment de ceux qui l'attribuent à *Cléoméne*,& nous fournirions à *Gori* une raiſon de plus pour la rejetter. Une raiſon de plus ! Oui, car, quelques bonnes que paroiſſent celles de M. *Falconet*, que nous avons citées de lui, pour les admettre il faudroit ſuppoſer ; 1°. que *Cléomène* n'auroit pas oſé mettre ſon nom ſeul au bas de la copie d'un ouvrage récent & connu, tandis que *Ménophante* au bas d'une Vénus copiée d'après celle de la Troade, indiquoit que ce n'étoit qu'une copie ; 2°. que la Plinthe auroit été briſée de manière à ne pouvoir plus être maſtiquée & réparée ; 3°. que l'on ſe ſeroit appliqué à rendre en caractères modernes, même avec les fautes, l'inſcription antique ; 4°. que cette faute, d'ailleurs, ſeroit une preuve de bonne-foi dans les copiſtes. Mais, ou la *Vénus Médicis* eſt une copie ou non : ſi elle eſt une copie & que l'inſcription ſoit vraie, *Cléomène* aura de fait mis ſon nom feul, & tous les raifonnemens alors ne prouveront rien ; ou elle eft copie, & dans ce cas il peut y avoir des motifs pour mettre fon nom feul.

Dans un endroit où étoit connue publiquement la Vénus de *Praxitèle*, un Sculpteur a pu en publier une copie avec fon nom feul, fans crainte qu'on confondît fon ouvrage avec l'original & fans vouloir en impofer : & fi *Ménophante* a écrit modeftement au bas de fa Vénus, qu'elle étoit une copie de celle de la *Troade*, c'étoit peut-être pour donner à fon ouvrage le prix qu'a toujours la copie d'un chef-d'œuvre dans un lieu qui ne poffède pas l'original qu'elle repréfente. Si les copiftes de l'infcription de la Statue de Florence avoient prétendu lui laiffer en la réparant l'air antique, ils ne fe feroient pas contentés de copier des fautes, ils ne l'auroient pas gravée avec des caractères modernes, ils l'auroient copiée jufte comme les Copiftes des Manufcrits, quand ils veulent les faire paffer pour être vraiment anciens.

Enfin, fi l'infcription n'eft pas antique, qui peut affurer qu'avant le nom de *Cléomène*, avant même celui de *Diomède* que M. *Falconet* femble regarder comme plus ancien, il n'y en ait pas eu un autre fur la véritable & première infcription, fuppofé toutefois qu'il en ait exifté une ? Le filence de *Pline* fur une Statue de Vénus par *Cléomène* n'eft pas une preuve contre *Cléomène* ; mais c'eft une préfomption, & cette préfomption eft en notre faveur. Cet examen de la difcuffion de M. *Falconet* doit lui prouver tout le cas que nous faifons de ces réflexions. Nous nous éclairons fouvent au flambeau de fa critique : nous aimons à fuivre fes pas dans la recherche de l'Antiquité ; mais, en cette circonftance nous ne croyons pas le bleffer en ne nous rendant pas à fes raifons.

Afin de le convaincre même de notre docilité à réformer nos erreurs, nous allons profiter de cette occafion pour en reconnoître une dans laquelle nous fommes tombés, *pag.* 37 de ce Volume. Nous y difons qu'*Héfiode* donna des noms aux neuf Statues des Mufes que firent *Céphifidote, Strongylione* & *Olymphéofthène*. Affurément, nous n'aurions pas commis cette faute, fi nous avions eu fous les yeux, en compofant ce morceau, l'ouvrage du Sçavant critique qui nous éclaire aujourd'hui ; mais nous nous fommes alors laiffé entraîner par l'autorité de *Saint-Auguftin* (1) & par celle de l'Abbé *Bannier* :

_____

(1) Il ne nous paroît pas hors de propos de citer ici le paffage même de *Saint-Auguftin*. le voici :

Non enim audiendi funt errores Gentilium fuperftitionum, qui novem Mufas Jovis & Moriæ filias effe finxerunt. Refellit eos Varro, quo nefcio utrum apud eos quifquam

l'Auteur du texte des *Antiquités d'Herculanum* & l'article *Muses* dans l'*Encyclopédie* nous en ont de même impofé. Nous avouerons cependant que l'*Encyclopédie* ne nomme pas plus les Auteurs des Statues que *Saint-Augustin* &
l'Auteur du texte de l'*Herculanum*, & que *Bannier* en nommant les Sculpteurs,
ne dit pas qu'*Héfiode* ait donné à leurs ouvrages les noms que portent les
Mufes; mais *Saint Augustin*, l'*Encyclopédie* & l'Auteur de l'*Herculanum* citent
Varron, qui prétend que *Héfiode* a impofé ces noms à neuf Statues faites par
trois Statuaires rivaux; *Bannier* affure que *Paufanias* nous a confervé les noms
des trois Statuaires dont parloit *VARRON*, & qu'il les appelle CHÉPHISIDOTE,
STRONGYLIONE & OLYMPHÉOSTÈNE, qu'en effet nous retrouvons cités dans
les *Béotiques* de l'Écrivain Grec, & de-là vient notre erreur. Or, fuivant
M. *Falconet*, qui fe trouve d'accord avec *Pline* & *François Junius*, *Céphyfi-
dote* & fes concurrens vivoient dans la CIX Olympiade, &, conféquemment
Héfiode, qui étoit mort depuis cinq ou fix cent ans, n'a pas pu donner les
noms qui diftinguent les *Mufes* aux Statues de ces Artiftes.

P L A N C H E   XXVIII.

V É N U S   C É L E S T E.

Près de la *Vénus Médicis* eft placée la *Vénus Célefte* que nous aimons à retracer
ici : c'eft l'accord de la décence, de la pudeur & des Graces. Elle nous rappelle
à la fois & cette Divinité que les Affyriens adorèrent avant tous les autres
Peuples, & fa Statue que Phidias avoit faite en marbre de Paros, dont Paufanias parle comme exiftante de fon tems. Son front eft décoré du diadême, &
ce diadême peint en *Minium*, laiffe appercevoir des cavités où étoient autrefois placées des Pierres précieufes taillées en étoiles, fymboles frappans du
furnom d'*Uranie* donné à cette Vénus. On peut dire que dans ce qui eft nud
on reconnoît & la févérité des formes & le moëlleux de la Nature. La tête
offre le mélange difficile à exprimer de la gravité, de la modeftie, de la gaité.

---

*talium rerum doctior vel curiofior effe poffit. Dixit enim civitatem nefcio quam, non
enim nomen recolo, locaffe apud tres artifices terna fimulachra Mufarum, quæ in
templo Apollinis donum poneret, ut quifquis artificum pulchriora formaffet, ab illo
potiffimum electa emeret. Itaque contigiffe ut opera fua quoque illi artifices æque pulchra
explicarent, & placuiffe civitati omnes novem atque omnes emptas effe, ut in Apollinis
Templo dedicarentur : quibus poftea dicit Hefiodum Poëtam impofuiffe vocabula. Non
ergo, &c.... S.-Aug. Lib. II. De Doctrinâ Chriftianâ, Chap. 17.*

Si la partie supérieure du corps est découverte, tandis que l'inférieure est voilée, c'est pour indiquer que cette Vénus, cause universelle, mère des Dieux, étoit cependant regardée comme Vierge : qu'elle ne s'occupoit pas des plaisirs qui flattent les sens : qu'elle présidoit aux chastes Amours : & qu'on l'invoquoit pour qu'elle éloignât des humains ce qui pouvoit les couvrir de honte, pour qu'elle élevât leurs cœurs vers les choses honnêtes, & qu'elle réprimât en eux les desirs effrenés d'un amour terrestre. Avec quel art est traitée cette draperie légère que d'une main elle soutient ! Combien est pur le dessin du bras qui va s'y joindre ! Comme il est élégamment reployé, cet autre bras que ceint un brasselet & dont la main semble arranger sur la tête quelques ornemens ou l'une des boucles des cheveux ! Ces bras cependant ne sont pas un ouvrage antique, un Sculpteur moderne les a refaits; mais ils sont si beaux & tellement d'accord avec la Statue que le *Cardinal Léopold de Médicis* qui l'a achetée à *Bologne*, ayant acquis de même les bras antiques que l'on a découverts depuis, par hazard, n'a pas voulu qu'on les replaçât, & s'est contenté de les garder dans son riche trésor.

Nous devons, sans doute, ici faire connoître cet Artiste habile, & puisque nous ne pouvons pas indiquer l'Auteur de la Statue, dont le nom nous est inconnu, conservons du moins celui du Sculpteur son rival qui l'a réparée. Ce Statuaire est *Alexandre Algarde* que Bologne a vu naître en 1602, & dont Rome, où il est mort en 1654, conserve les cendres dans l'Église des Saints Jean & Petronne, de la Nation Bolonoise. Né d'un père qui faisoit le commerce des Soies, il reçut les premiers principes du dessin dans l'école des *Carraches* : *Jules César Conventi* lui fit connoître ceux de la Sculpture, & ses premiers travaux furent pour le Duc de Mantoue, *Ferdinand*, qui les plaça dans son Palais. L'*Algarde* alla bientôt après se perfectionner à Rome, &, après avoir lutté contre les Anciens, en réparant leurs propres ouvrages, il devint leur rival par les siens ; le grouppe de Saint-Paul décollé chez les Barnabites de Bologne ; la Statue de Saint-Philippe de Néri, dans la Sacristie des Pères de l'Oratoire, & le bas relief admirable conservé dans la Basilique de Saint-Pierre à Rome, sont des témoins immortels de son sçavoir & de sa gloire comme Sculpteur. Comme Architecte, il acquit d'autres droits à l'admiration publique, & sans compter des monumens, des Autels, des façades d'Églises qu'il a construits : si la fameuse *Villa Pamphili* jouit du surnom de *Bel Respiro*, c'est grace à l'art avec lequel l'*Algarde* sçut distribuer les jardins & placer les fontaines : c'est grace à ses talens.

PLANCHE XXIX.

VÉNUS *VICTORIEUSE.*

La pomme, comme l'ont très-bien remarqué *les Auteurs de la defcription des Pierres gravées d'Orléans*, fut toujours regardée chez les Anciens comme l'emblème de l'Amour dont elle fembloit cacher quelques myftères, & ils en citent des preuves qu'ils tirent des meilleurs Hiftoriens de l'Antiquité, & des ouvrages des Poëtes de diverfes Nations. Parmi les Écrivains, dont ils prennent quelques paffages, on trouve *Longus*. Nous le citerons à notre tour en ce moment, non pour répéter ce qu'ont écrit MM. *le Blond & de la Chau* : nous évitons, autant qu'il eft en nous, de le faire ; mais nous ne voudrions pas laiffer échapper cette occafion favorable de prouver, par un extrait d'une tradu&tion nouvelle (1) de cet Auteur, que notre langue, quoique fouvent *deffèchée par l'efprit, ne perd les accens & les couleurs de l'innocente & fimple nature*, que lorfque ce n'eft pas l'ame qui di&te ce que l'on écrit. Voici le morceau dans lequel on reconnoîtra que le nouveau Tradu&teur a mieux faifi le vrai fens qu'*Amyot* dont on chérit tant la naïveté que l'on doit peut-être plus cependant à celle des mœurs de fon tems qu'à fon talent particulier.

« Dans ces lieux fe trouva un pommier fi bien dépouillé qu'il n'avoit plus » ni feuilles ni fruit. Il n'avoit confervé, fur fa branche la plus élevée, qu'une » feule pomme groffe, magnifique, & dont l'odeur étoit fupérieure à celle » de toutes les pommes qu'ils (*Daphnis & Cloé*) avoient vues ; celui qui avoit » ceuilli les autres n'avoit pas ofé monter fi haut & l'avoit laiffée. Un » Berger amoureux étoit fans doute deftiné à la cueillir.

» Daphnis ne l'eut pas plutôt apperçue, qu'il monta fur l'arbre pour la ravir, » malgré tout ce que put faire Cloé pour l'arrêter ; la Bergère voyant fes » avis méprifés, alla rejoindre fon troupeau ; mais Daphnis fit tant qu'il » atteignit le haut de la branche & ceuillit la pomme qu'elle portoit ; puis, » en un inftant il courut fe préfenter à Cloé, en lui difant pour l'appaifer. » *Chère amie, cette pomme que tu vois, la plus belle faifon de l'année l'a* » *fait germer, ce bel arbre l'a nourrie, le Soleil l'a conduite à fa parfaite* » *maturité, & la bonne fortune l'a confervée. Pouvois-je, après l'avoir vue,* » *la laiffer où elle étoit ? Elle fut tombée par terre, les bêtes l'euffent foulée*

---

(1) On la trouve à Paris, chez *Moutard*, Hôtel de *Cluny*, rue des *Mathurins*.

» aux pieds, quelque ferpent même, en rampant auprès d'elle, l'eut infectée de
» fon venin, ou bien elle eut été la proie du tems, & l'œil feul eut eu le
» plaifir d'en jouir ; *une pomme autrefois fut donnée à Vénus pour prix*
» *de fa beauté, je t'offre celle-ci pour prix de la tienne. Vénus & toi,*
» *vous aurez les mêmes Juges, Pâris étoit Berger, & moi je garde des chêvres.*
» A ces mots il pofa la pomme dans fon fein, &, comme il s'étoit approché,
» Cloé lui donna le plus tendre baifer ; de forte que Daphnis n'eut pas
» à fe repentir de fa hardieffe, qui l'avoit fait s'expofer à monter fi haut,
» puifqu'elle lui avoit valu un baifer plus précieux pour lui que n'eut été
» la pomme d'or ».

La fin de ce morceau nous ramène naturellement à notre figure : c'eft
cette pomme à laquelle Daphnis comparoit celle qu'il offroit à fa chère
Cloé, cette pomme que Pâris avoit donnée pour prix à la beauté, que nous
remarquons dans fa main, & dès-lors nous ne pouvons plus douter que ce
ne foit la Déeffe de la Beauté, *Vénus Victorieufe* de fes rivales, dont nous
voyons l'image.

Le nom de *Victorieufe, Victrix,* ne paroît cependant pas à la plus grande
partie des Sçavans avoir cette origine, & en effet, M. *Larcher* lui donne une
étymologie fondée fur un paffage de *Varron*, qui, faifant former tout ce que
nous voyons de l'union du feu & de l'eau, fait naître, conféquemment,
Vénus de l'écume de la Mer, parce qu'une femence ignée, tombée du Ciel
dans les flots, caufa cette union qui l'a produite ; du mot de *Vinctio*, qui exprime
cette union, il dérive celui de *Victrix*, comme pour dire de *Vénus*, non pas
qu'elle veut *vaincre* ; mais *lier* & être *liée, non quod vincere velit, fed quod*
vincire & vinciri ipfa, & avec le même *Varron*, il étend cette étymologie au
mot *Victoria*, comme exprimant les liens avec lefquels on attachoit les
vaincus, *Victoria ab eo quod fuperati vinciuntur.*

Curieux d'épuifer la matière qu'il avoit entreprife de traiter, ce Sçavant ne
s'en tient pas à cette étymologie du nom de *Victrix* donnée à *Vénus*. Il fouille
dans les mines de l'Hiftoire, & il voit *Pompée* confacrer un Temple à
Venus Victrix, ainfi nommée du nom même de la Victoire, & qui fut plus
d'une fois invoquée, fur-tout par Céfar, peu avant la bataille de Pharfale, afin
d'obtenir le fuccès de fes armes. Plufieurs médailles antiques annoncent que
fouvent on entendit fous ce rapport le beau furnom qui nous occupe.

Au furplus, quelque foit fa véritable étymologie : que ce nom vienne de
l'union productive des Êtres dont on fait Vénus mère, ou de fon influence

                                         fur

Traducteur. Ces derniers Amours étoient, difoit-on, enfans des Nymphes, &
Claudien dans fes Vers exprime leurs diverfes occupations, ainfi que celles de
l'Amour *célefte* qu'on regardoit comme fils de Vénus :

Armés d'un carquois d'or, jouant fur le rivage,

Eft un Effaim léger formé de mille Amours :

Frères, on les connoît aux feuls traits du vifage :

Ils ont au même inftant vû s'éclorre leurs jours :

Des Nymphes ces Enfans ont reçu l'exiftence.

Un autre Amour par-tout exerce fa puiffance,

Fils de Vénus, des Dieux le cœur eft dans fes mains :

Il règne en Souverain au féjour du Tonnerre,

Et, content de frapper les Maîtres de la terre,

Laiffe aux autres bleffer le refte des humains (1).

Longus, dans fon charmant Roman de Daphnis, a peint à-peu-près de même
le pouvoir du Dieu, dont voici la Statue. « L'Amour ! fait-il dire par Philéras,
» l'Amour ! C'eft un Dieu jeune & beau. Il aime la jeuneffe, il cherche la
» beauté & donne des aîles aux ames. Quant à fa Puiffance, elle eft fi grande,
» que celle de Jupiter ne fçauroit l'égaler. Il commande aux Élémens, il com-
» mande aux Aftres, il commande même aux Dieux fes égaux. Vous n'avez
» pas plus d'empire fur vos chèvres & fur vos brebis. Toutes les fleurs font
» l'ouvrage de l'Amour.... Par lui foufflent les vents & coulent les fleuves, &c.... »
C'eft dans l'action d'effayer fes forces à tirer de l'arc, ou de lancer fes flèches
vers les Dieux qu'il veut foumettre, que le Sculpteur a repréfenté ce petit

---

(1) *Mille pharetrati ludunt in margine fratres,*
Ore pares, ævo fimiles, gens mollis amorum,
Hos Nymphæ pariunt : iftum Venus aurea Solum
Edidit. Ille Deos cœlumque & fidera cornu
Temperat, & fummos dignatur figere Reges ;
Hi plebem feriunt.

Claudian. *De Nuptiis Honorii.*

Dieu dans la Statue que nous avons fous les yeux. Elle eft d'une médiocre grandeur ; mais d'une grande beauté. La tête tournée vers les Cieux, ce petit Dieu femble fuivre de l'œil le trait qu'il vient de lancer : fon bras gauche tendu tient le refte de l'arc, & le droit agréablement ployé indique, ainfi que le mouvement donné aux doigts, que la flèche ne fait que de partir. Les mufcles du corps annoncent fa vigueur, mais ils ne font pas prononcés de manière à détruire cette molleffe qu'exige l'âge du jeune Dieu. Le long de fa jambe gauche fe voit un carquois pofé contre un tronc qui eft derrière l'Amour, & ce carquois, qui n'eft pas encore épuifé, contient de ces flèches, dont Vénus, elle-même, dans *Mofchus*, fe plaint ainfi que fon fils lui faffe fentir l'amertume :

> A fon dos fufpendu brille un petit carquois,
> Qui cache dans fon fein des flèches meurtrières,
> Dont le méchant plus d'une fois
> Fit fentir à mon cœur les bleffures amères (1).

PLANCHE XL.

L'AMOUR ET PSYCHÉ.

Pour peu que l'on ait d'amour pour les belles Antiquités & quelque con- noiffance de l'Art, on ne fçauroit raffafier fa vue du grouppe de l'*Amour* & de *Pfyché* que conferve le *Mufeum de Florence*. C'eft un chef-d'œuvre de l'un des plus habiles Statuaires de la Grèce, & cet ouvrage fait autant d'honneur

---

(1) Καὶ χρύσεον περὶ ιωτα Φαρέτριον᾽ καὶ ἔνδοθι ἐᾗντὶ
Τοὶ πικροὶ κάλαμοι, τοῖς πολλάκι κᾀμὲ τιτρώσκει.

Parva pharetra olli dependet & aurea tergo ;
Sunt & amari intùs calami, quibus ille protervus,
Me quoque fæpe ferit.
Mofchus. *de amore fugitivo.*

à son génie qu'à ses talens. Rien n'étoit plus difficile à rendre que le sentiment qui devoit éclater dans les têtes : rien de moins aisé que de leur donner
toute la finesse & tout le fini qu'elles devoient avoir, dans la position sur-tout
où elles sont placées, & dans les rapprochemens où elles se trouvent ; tout y
est cependant exquis ; les yeux des deux amans se regardent si bien, ils semblent dire tant de choses : ces bouches entrouvertes paroissent si heureusement
se communiquer leur douce haleine & de tendres aveux : le desir & l'amour
sont tellement exprimés dans toute la figure : on croiroit si aisément qu'un
premier baiser va être suivi de mille autres, que l'on ne peut regarder ce
beau grouppe que comme un prodige de l'art que voudroit revendiquer la
Nature.

La fable de l'*Amour* & de *Psyché* est certainement bien ancienne, & nous
la voyons consacrée par un grand nombre de monumens antiques ; *Apulée*
cependant est le premier Écrivain dans les ouvrages de qui l'on retrouve
cette fable charmante. Il s'est plû, sans doute, à l'embellir, & les détails dont
il l'a accompagnée n'ont fait que rendre plus difficile à saisir le sens véritable de son allégorie. Après l'avoir rapportée en peu de mots, nous rappelle-
rons à nos Lecteurs les différentes opinions de ceux qui ont voulu l'interpréter.

Il y avoit dans une certaine Ville, dit *Apulée*, un Roi & une Reine qui
avoient trois filles, toutes trois remarquables par leur beauté. Les deux aînées
n'avoient cependant que des charmes, tels qu'on peut les admirer dans les plus
beaux corps qu'ait produits la Nature ; mais il n'étoit pas d'expression qui pût
rendre la beauté parfaite de la plus jeune. De tous côtés on accouroit pour la
voir, & l'on ne pouvoit exprimer la sensation qu'elle faisoit éprouver, qu'en
approchant la main droite de sa bouche, & en donnant ainsi le signe de l'ado-
ration qu'on lui rendoit comme à Vénus. Les Villes les plus proches & les
peuples voisins croyoient déjà que la Déesse de la Beauté, née de l'écume
de la Mer, ne dédaignoit point d'habiter avec les hommes, ou qu'au moins
une autre Vénus étoit sortie comme une fleur vierge & brillante du sein de la
terre fécondée par un germe divin, ainsi que la première étoit sortie des eaux.
Cette opinion se répandit bientôt de toutes parts ; Paphos, Cnyde, Cythère
étoient abandonnés. Le culte de Vénus étoit négligé : ses Temples, ses Statues sans guirlandes & sans couronnes : & ses Autels étoient souillés des
cendres froides de ses anciennes victimes. Tous les honneurs, tous les hommages

s'adressoient à la jeune mortelle. Indignée, Vénus agite, en frémissant, la tête : voilà donc, se dit-elle à elle-même, voilà donc la mère de la Nature, la source des élémens, la génératrice de l'Univers rivalisée par une simple mortelle ! Mon nom révéré dans les Cieux sera profané par les humains ! A ma place on adorera ma rivale ! Ce Berger applaudi par Jupiter aura donc envain en ma faveur prononcé le jugement de la Beauté. Ah ! toujours elle ne se réjouira pas de sa victoire : elle se repentira, je le jure, d'avoir eu ces outrageans attraits. Aussi-tôt elle appelle son fils, ce petit téméraire aîlé, qui sans cesse armé de flâmmes & de flèches, au mépris des mœurs publiques, errant pendant les nuits, cherche à souiller la couche des époux, & n'est presque connu que par les maux qu'il fait & les crimes qu'il engendre. Cupidon se plaît à ces coups : elle l'excite encore : elle le conduit à la Ville où régnoit *Psyché*, elle la lui montre, & après lui avoir avec indignation raconté les honneurs usurpés qu'on lui rend, c'est au nom de l'Amour filial, c'est par les blessures de ses traits, c'est par l'embrâsement que cause son flambeau qu'elle le prie : venge-toi, lui dit-elle, en me vengant, & que ta vengeance soit parfaite : fais brûler le cœur de cette vile mortelle d'une flâmme dévorante : qu'elle aime un de ces hommes infâmes & malheureux qui l'avilissent encore. Elle dit, & d'un pied léger foulant les roses du rivage de la Mer, elle traverse les eaux sur sa conque divine, entourée des Tritons & des Néréïdes. Cependant *Psyché* ne retiroit de ses charmes aucun avantage, on admiroit ses formes divines ; mais personne ne demandoit sa main : ses deux sœurs goûtoient depuis long-tems les douceurs de l'Hymenée, tandis que, seule, dans le Palais, elle pleure sa solitude, & se voit réduite à détester des appas qu'on ne fait qu'adorer. Touchée de sa peine, & soupçonnant la haine des Dieux, son père va consulter l'antique oracle de Milet. Exposez, répond le Dieu, sur le sommet d'un rocher, *Psyché* que vous parerez d'ornemens funèbres ; n'espérez point que jamais votre fille épouse un mortel. Son époux sera un monstre féroce & terrible, qui, porté par des aîles au-dessus des nuës, pénètre dans l'Olympe, tourmente toutes les Dieux, frappe du fer & brûle avec les flâmmes, épouvante Jupiter, effraie les Divinités des eaux & fait trembler jusqu'à celles du Styx. Le père de *Psyché* voit à l'instant s'évanouir son bonheur, il découvre le cruel arrêt : les parens consternés fondent en larmes, se plaignent de la rigueur du Ciel ; mais ils obéissent. On prépare la pompe funèbre de ces nôces malheureuses, le flambeau nuptial ne jette qu'une lumière fuligineuse : la flûte prend le mode Lydien : un triste gémissement termine les chants d'Hymenée, & *Psyché* de son propre voile essuie ses larmes. La douleur de toute

la famille eft partagée par le peuple : la Ville ordonne que l'on fufpende la
Juftice : enfin il faut fe foumettre à l'ordre des Dieux. Le convoi funèbre de cette
époufe, vivante encore, fe met en marche, & *Pfyché* toute en pleurs affifte à fes
propres funérailles : elle encourage pourtant fes parens & fuit avec une noble
fierté le peuple qui la conduit jufqu'au rocher fatal.

Pfyché délaiffée, tremblante, s'abandonne à la douleur ; mais le zéphir fe
gliffant fous fon vêtement, la foulève de fa molle haleine & la tranfporte fur
fes aîles légères dans une vallée profonde, où il la dépofe mollement fur un
gazon tendre & couvert de fleurs. Là elle s'endort. Après un paifible fommeil, elle s'éveille avec l'ame calme & tranquille. Autour d'elle tout l'étonne.
Elle fe voit dans un vafte Palais que des mains immortelles ont pu feules conf-
truire : c'eft une habitation digne des Dieux : le cèdre & l'yvoire y font enri-
chis de lames d'or : les murs font couverts de bas-reliefs d'argent fur lefquels on
voit des animaux de toute efpèce, que l'art feule d'une Divinité a pu fi bien
exprimer. Les diamans, les pierreries jettent le plus vif éclat, & l'on ne marche
que fur des mofaïques admirables : le goût dans les moindres détails s'unit à
la magnificence. Tandis qu'elle admire fa nouvelle demeure, des voix fe font
entendre : elle ne voit perfonne & de tous côtés on la félicite, on lui demande
fes ordres. Un repas abondant & fin eft fervi, les mets les plus délicats, les
vins les plus exquis font offerts : le Palais retentit du bruit des inftrumens &
des accords harmonieux d'une Mufique célefte, enfin au fein des voluptés, la
nuit étant venue, la belle *Pfyché* cède au befoin du repos : à peine eft-elle fur
fon lit, qu'une voix plus intéreffante que toutes les autres vient frapper fes
oreilles. L'idée de fon trifte Hymen fe préfente : un trouble fecret l'agite : elle
craint fans fçavoir ce qu'elle craint, & tous les maux lui femblent plus doux
qu'un mal qu'elle ignore. Cependant l'époux inconnu de cette Belle arrive, il
en fait fa femme & difparoît avant le jour.... Les parens de *Pfyché* fe confu-
moient de douleur : fes fœurs venoient tous les jours apporter leurs larmes
au pied du rocher où elle avoit été expofée. Leurs plaintes & leurs tendres
gémiffemens font rendus par les échos : *Pfyché* veut confoler fa malheureufe
famille : elle en parle à fon époux : il l'avoit averti des plaintes futures de fes
fœurs, il lui avoit prédit les maux qu'elle attireroit fur elle fi elle leur décou-
vroit fon bonheur ; mais il eft fi doux de dire que l'on eft heureux ! Sa folitude
étoit fi grande ! quelques tendres que fuffent les baifers de fon époux, ne pas
connoître celui qui les donne, eft un fi grand tourment ! *Pfyché*, preffe donc ce
cher époux, elle le couvre tant de careffes, elle exprime fi vivement fon defir,

que, vaincu par fa beauté, par fes pleurs, il cède en lui faifant promettre
cependant qu'elle ne chercheroit jamais à le voir quand fes fœurs lui en
donneroient le confeil perfide. *Pfyché* tranfportée de joie promet tout, elle donne
de nouveaux baifers à fon époux : elle lui jure l'amour le plus conftant & le
plus vif; tu es ma vie, lui dit-elle, mon exiftence m'eft moins chère qu'à toi, &
je te préfère à Cupidon lui-même; puifque tu confens à mes defirs, accordes-
moi cette grace encore, que ton efclave le Zéphire qui m'a portée dans ces
lieux y tranfporte auffi mes fœurs, & cette demande eft accompagnée de petits
mots fi doux, de baifers fi brûlans, de careffes fi tendres, que le trop indulgent
époux promet tout à fon tour, & difparoît avant le jour.

Le Zéphire tranfporte donc les fœurs de *Pfyché* dans fa délicieufe retraite :
mille fois leurs bras s'entrelaffent, leurs pleurs s'arrêtent, puis il en coule
d'autres que la joie fait répandre. On parcourt enfuite le Palais. Éblouies de
la magnificence de ces lieux, quel eft donc votre époux, lui demandent-elles ?
C'eft un jeune homme dont un léger duvet ombrage à peine les joues, répondit
Pfyché, fidèle à la promeffe qu'elle avoit faite : la chaffe fait fon unique
occupation; &, craignant d'être trop foible, elle les renvoie bientôt avec des
préfens magnifiques. La jaloufie rongeoit déjà les cœurs de ces fœurs envieufes :
les hommes l'avoient adorée comme une Déeffe, fe difent-elles, un Dieu l'affo-
cie sûrement à fa couche : déjà les vents entendent fes ordres : il faut la
perdre. Les perfides reviennent, quel eft donc votre époux, lui demandent-
elles encore ? A qui devez-vous ce fruit précieux que contient votre fein:
l'heureux enfant ! Comme il fera fêté par fa mère ! Comme nous le careffe-
rons! Oh ! s'il reffemble par les attraits à ceux qui lui donnent le jour, ce
fera un autre Cupidon; ne nous laiffez pas plus long tems ignorer quel eft fon
père. *Pfyché* ne fe reffouvenant plus de fa première réponfe, le repréfente
fous des traits bien différens de ceux fous lefquels elle l'avoit déjà peint.
C'eft un homme mûr, leur dit-elle, il a fait le commerce le plus étendu, &
quelques cheveux blancs commencent à fe mêler à ceux qui couvrent fa tête.
Frappées de cette réponfe, les fœurs convaincues que *Pfyché* n'a pas vu fon
époux, veulent le lui faire avouer à elle-même, & fe fervir contre elle de fon
propre aveu. Bientôt une Fable eft tiffue, il eft de leur devoir de l'avertir du
danger dont elle eft menacée; elles lui rappellent les réponfes de l'Oracle;
elles lui difent que cet époux, qu'elle ne connoiffoit sûrement pas, étoit un monftre;
que c'étoit certainement un affreux ferpent que l'on voyoit tous les jours aux
pieds du rocher; qu'il infectoit les champs du venin de fon fouffle, & fouilloit

les eaux du fleuve voifin ; que les habitans des campagnes & les Pafteurs en
étoient effrayés ; qu'il n'attendoit, fans doute, que le moment où elle deviendroit
mère pour dévorer le fruit de fes entrailles, & qu'elle-même tôt ou tard
deviendroit la victime de fa férocité. Allarmée par cette peinture, la crédule
Pfyché fe rappelle & découvre les défenfes de fon époux qui lui avoit fait
promettre de ne jamais chercher à le voir : enhardies, fes fœurs lui offrent
leur protection : elles lui offrent une lampe pour le voir quand il feroit endormi,
un poignard pour le percer. *Pfyché* reçoit ces funeftes préfens, & fon cœur
devient agité par leurs confeils, plus cruellement que par les furies. Elle ne
fçait ce qu'elle doit faire : un combat s'élève dans fon cœur, & la crainte des
malheurs annoncés par fon époux y lutte contre celle que venoient d'y faire
éclore ceux que fes fœurs avoient feint devoir lui prédire. Cependant le foir
arrive, fuivra-t-elle le confeil de fes fœurs ? Obéira-t-elle aux défenfes de fon
époux : elle veut, elle ne veut point : tout-à-la-fois, dans le même objet, elle
craint le monftre, elle chérit l'époux. Enfin, quand la nuit eft venue, cet époux
fe préfente, jouit & s'endort : alors *Pfyché*, quoique timide & foible, trouve
des forces dans fon cruel deftin, & prenant d'une main la lampe qu'elle avoit
cachée & de l'autre le poignard, elle s'avance ; mais à peine la lumière a-t-elle
frappé de fes rayons le lit qui porte fon époux, tout le fecret fe découvre,
elle voit l'Amour, l'Amour lui-même, ce Dieu charmant dans la plus féduifante attitude ; la lampe femble de fes feux accroître fon éclat, & le poignard
fe repentir d'avoir un tranchant. A ce fpectacle *Pfyché* pâlit, fes genoux fléchif-
fent : elle veut cacher le fer qu'elle porte & le cacher dans fon fein ; mais le fer
lui échappe. Cependant plus elle contemple le divin objet qu'elle a fous les
yeux, plus fes forces fe raniment : elle admire fa tête ornée d'une blonde
chevelure qui exhale l'ambroifie, & dont les boucles errantes retombent négligemment fur un cou plus blanc que le lait & fur deux joues empourprées :
elle voit aux épaules du jeune Dieu des aîles dont les plumes légères brillent
comme les diamans de rofée que porte au matin le fommet des fleurs : elle
remarque à leur extrémité un mouvement, un jeu involontaire. Tout fon corps
eft brillant de jeuneffe & de beauté : telle enfin que Vénus ne rougiroit pas
de l'avoir porté dans fon fein. Au pied du lit font fes armes, fon arc, fon
carquois & fes flèches. La curiofité tente *Pfyché* : elle tire une flèche du carquois,
de fon doigt elle en approche la pointe : & fa main mal affurée la fait pénétrer
trop avant : une goutte de fon fang de rofe fort auffi-tôt de fa peau. A l'inftant la
paffion la plus vive s'empare de tous fes fens ; courbée fur fon époux, la bouche

entrouverte elle brûle de defirs : prodigue des plus tendres baifers elle parcourt
tout fon corps de fes lèvres embrâfées & ne redoute que d'abréger fon fommeil.
Pendant qu'elle s'abandonne ainfi aux tranfports ardens de fon ame égarée,
foit jaloufie, foit peut-être amour & envie de toucher ce beau corps, la lampe
s'incline & fait tomber une goutte de fon huile enflâmmée fur l'épaule droite
du Dieu. L'Amour fe réveille & s'envole, *Pfyché* n'a que le tems de faifir fon
pied : elle s'y attache, eft portée dans les airs ; mais enfin perdant tout à fait fes
forces, elle tombe à terre. Son époux ne laiffe pas fon amante abandonnée : il
s'abbat un inftant fur un cyprès voifin, & lui dit avec émotion : « *Pfyché*, trop
» fimple & trop crédule, j'avois, pour vous, oublié les ordres de ma mère : chargé
» par elle de vous livrer au plus vil des hommes, je me fuis fait moi-même
» votre époux : moi qui de mes flèches bleffe tous les cœurs, je me fuis percé
» de mes traits & j'ai partagé votre couche pour que vous me regardiez comme
» un monftre & que vous tentiez abattre avec un glaive cette tête où font
» placés des yeux qui ne voyent que vous. Dans les doux épanchemens de
» mon cœur je vous avois défendu votre curiofité criminelle, je vous avois
» avertie de tous vos maux fi vous l'écoutiez. Vos belles confeillères vont payer
» leur noire perfidie : pour vous, ma fuite feule, fera votre punition ». A ees
mots, il s'élève avec rapidité dans les airs. *Pfyché*, renverfée fur le gazon, le
fuit des yeux tant qu'ils peuvent l'appercevoir ; mais quand l'efpace l'eut fait
difparoître, n'écoutant plus que fon défefpoir, elle court fe précipiter dans les
eaux du fleuve fur les bords duquel elle fe trouve. Le fleuve par refpeét pour le
Dieu dont tous les élémens fentent la puiffance, la foutient mollement fur la
furface de fes eaux & la pouffe doucement fur fa rive fleurie. Là, par hazard
l'agrefie Amant de Syrinx montroit à fon amie l'art d'enfler les chalumaux, &
près de lui fes chèvres fautillantes tondoient en broutant l'herbe odorante
qui fervoit comme de chevelure au fleuve. « Jeune fille, dit à *Pfyché* le
» Dieu-Pafteur, écoutez mes avis ; je fuis fimple habitant des campagnes, &
» mon occupation eft de conduire des troupeaux ; mais de longues années ont
» fait mûrir mon expérience. Si donc j'en juge bien, à votre marche incertaine,
» à vos foupirs entrecoupés, à cette pâleur répandue fur tout votre corps, aux
» larmes qui tombent de vos yeux, l'Amour vous tourmente. Croyez-moi, ne
» tentez plus de vous arracher la vie : féchez ces pleurs : banniffez cette trifteffe :
» penfez plutôt à fléchir Cupidon, le plus puiffant des Dieux, par vos prières, &
» méritez fes bontés par des hommages fi tendres, qu'ils le captivent comme un
jeune voluptueux ». *Pfyché* écoute le Dieu, ne peut répondre, adore en
fecret

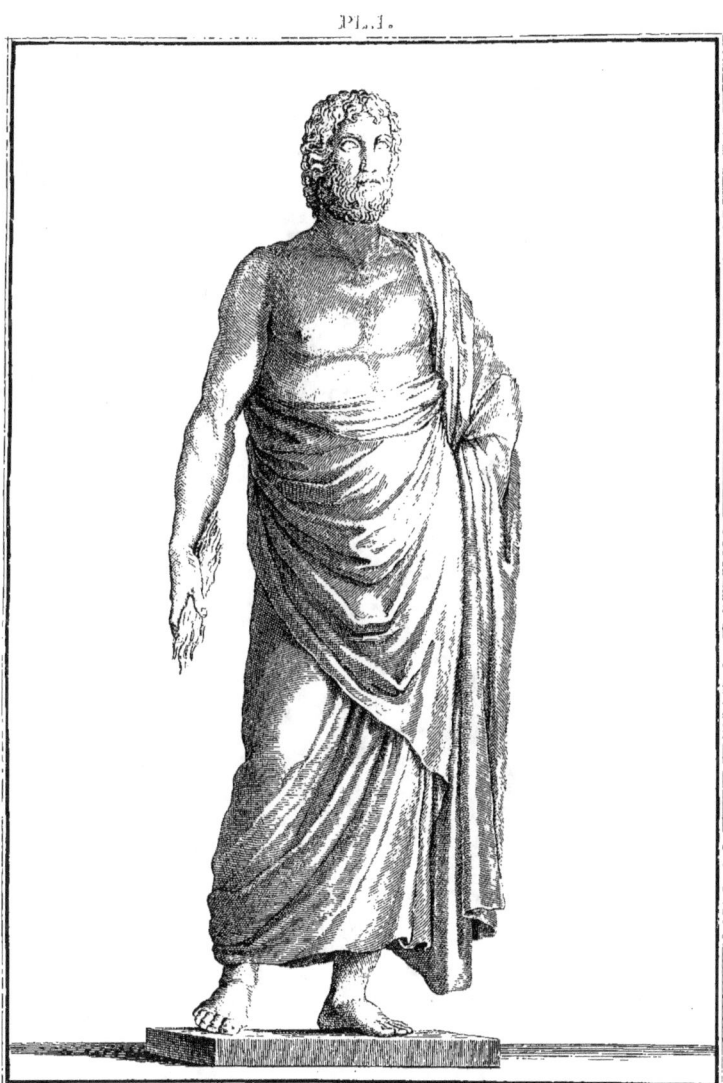

JUPITER.

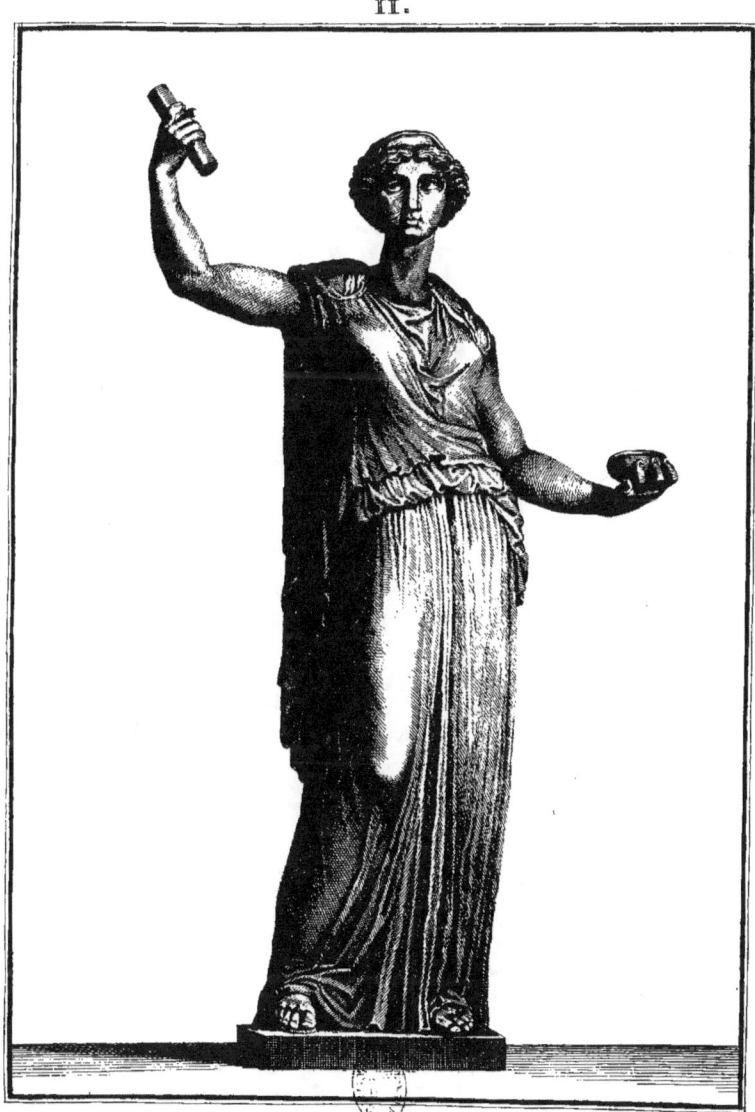

JUNON.

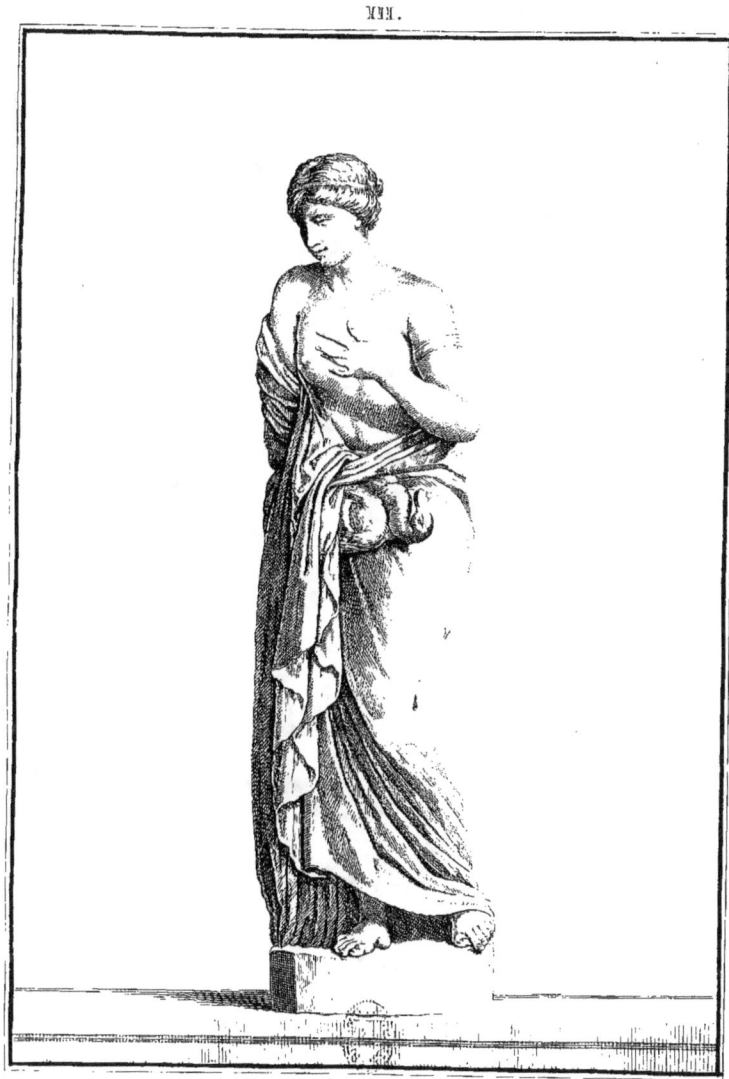

LÉDA.

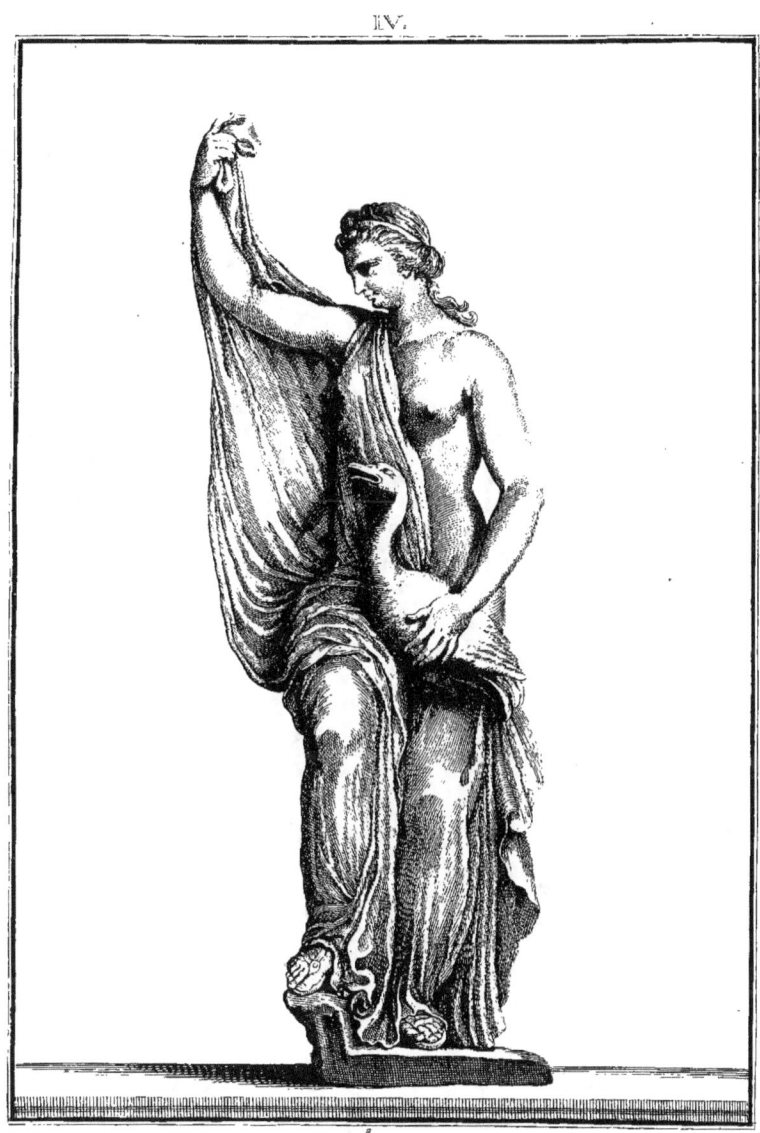

LÉDA.

V.

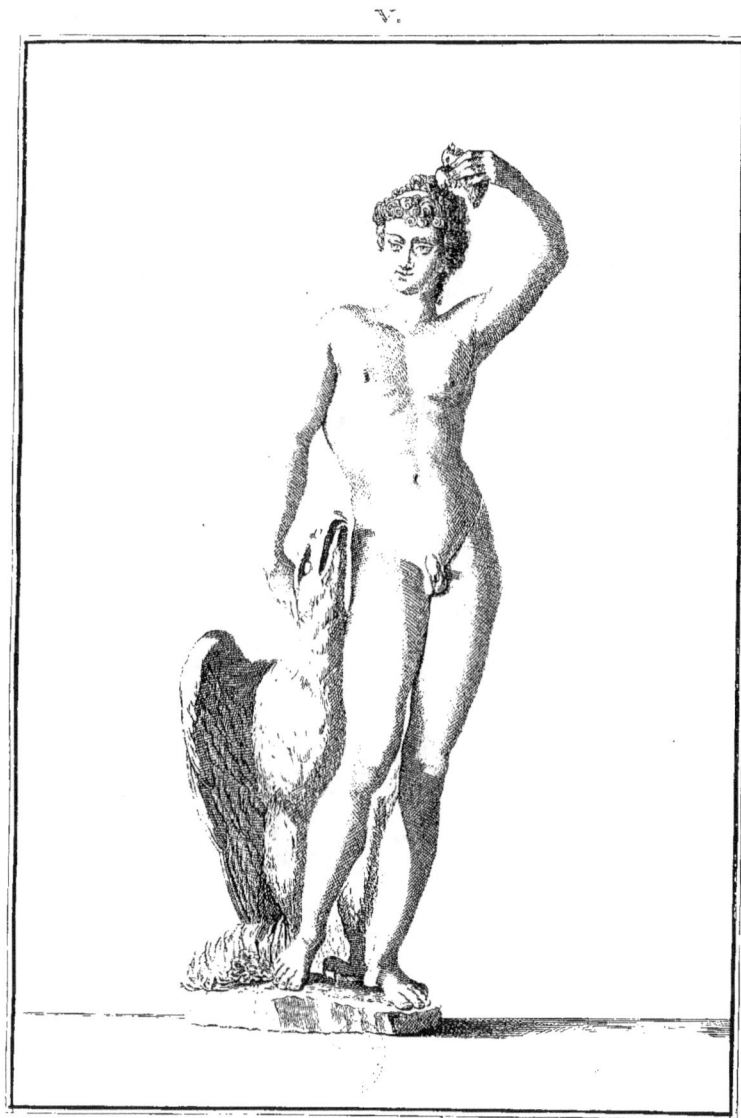

GANYMEDE.

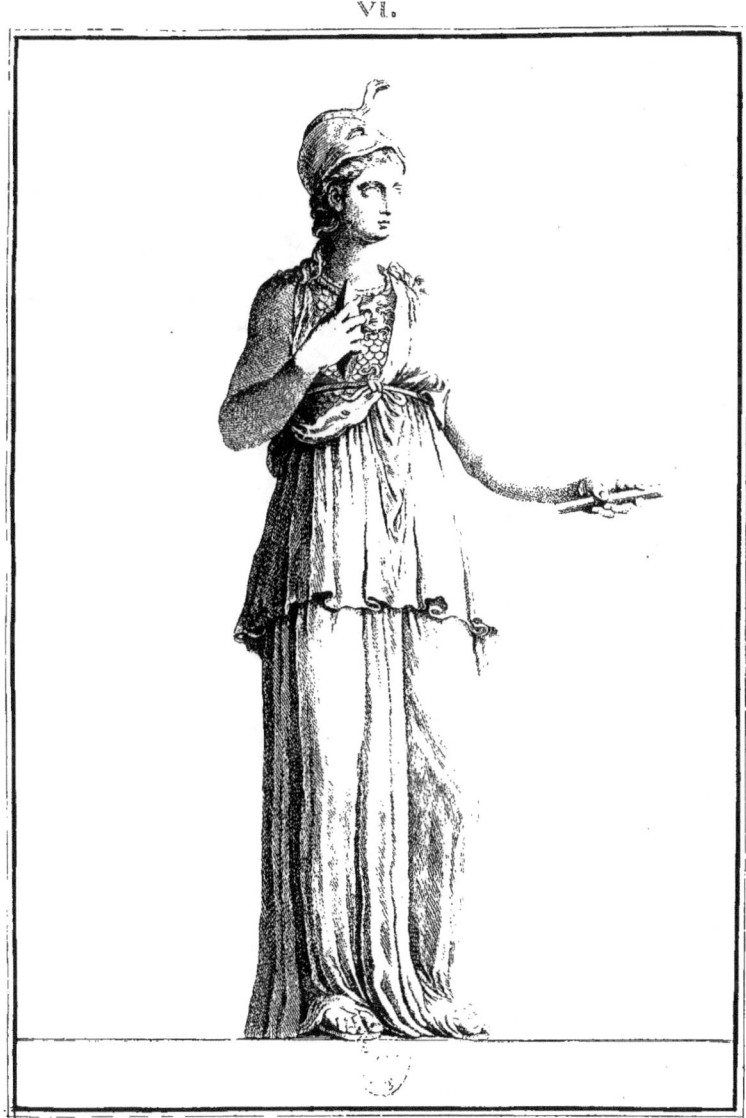

MINERVE. Ergané.

VII.

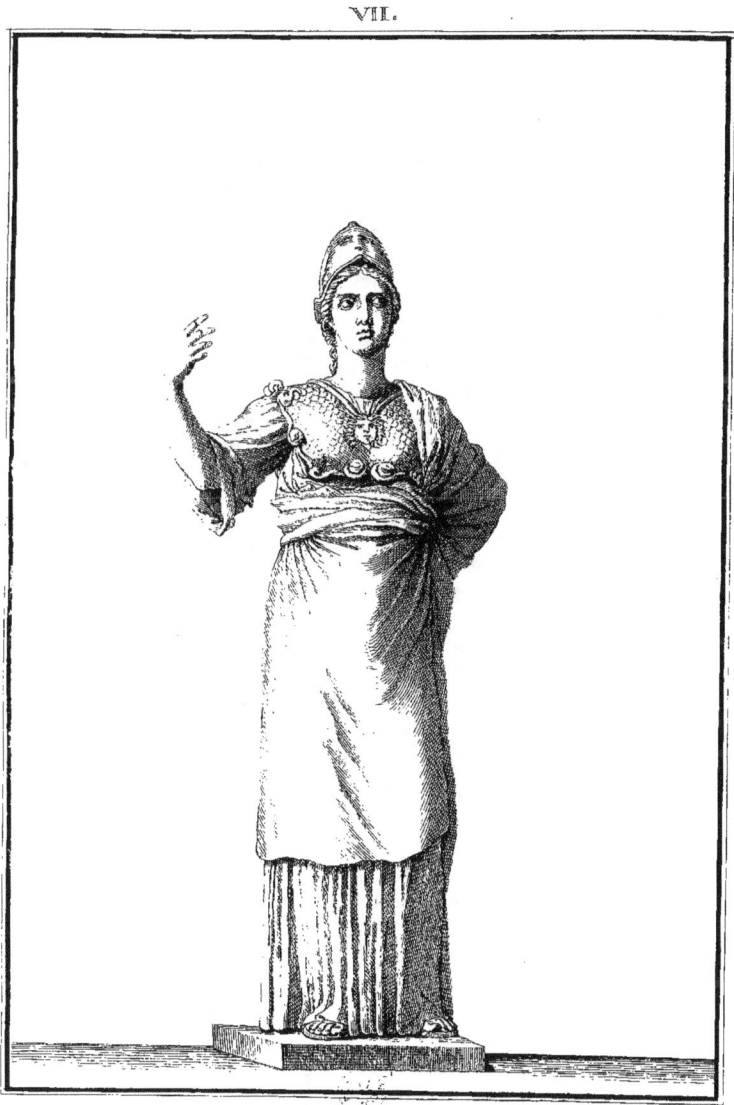

MINERVE. Callimorphos

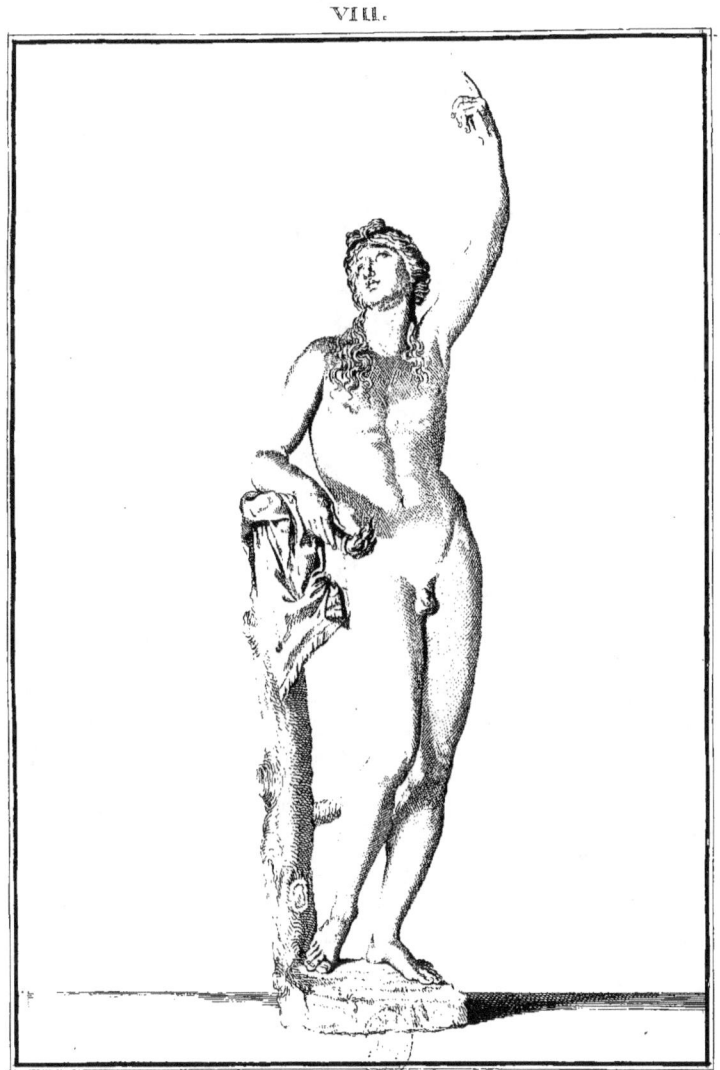

APOLLON. Coelispex.

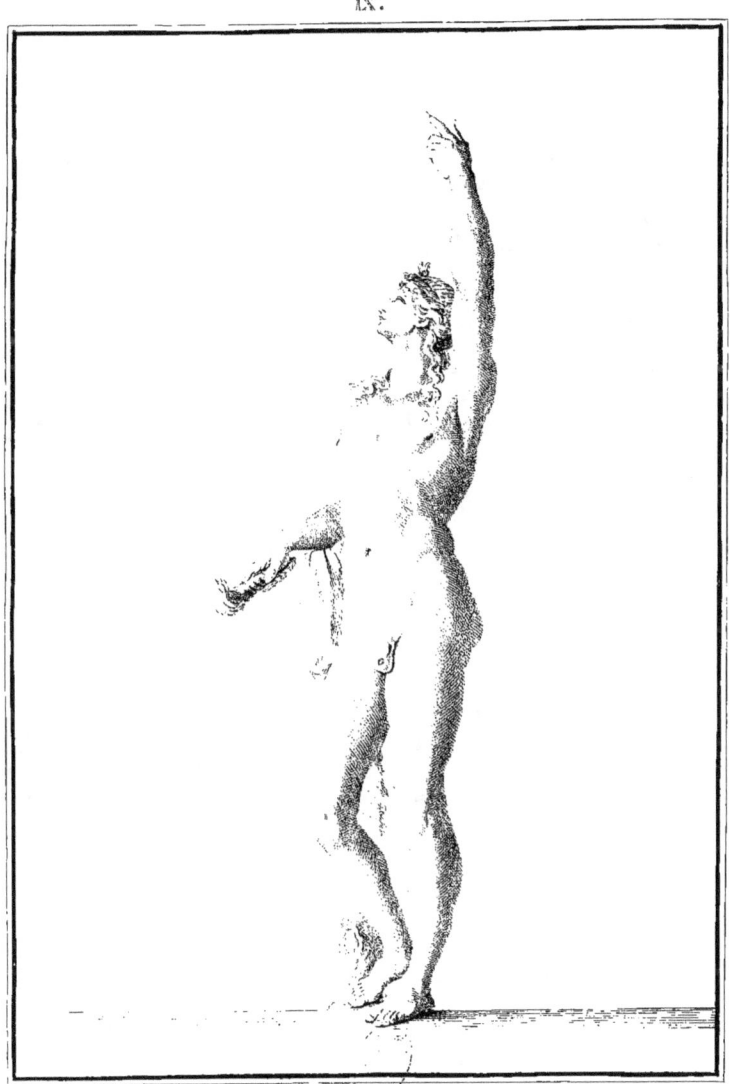

APOLLON. Cœlispex.

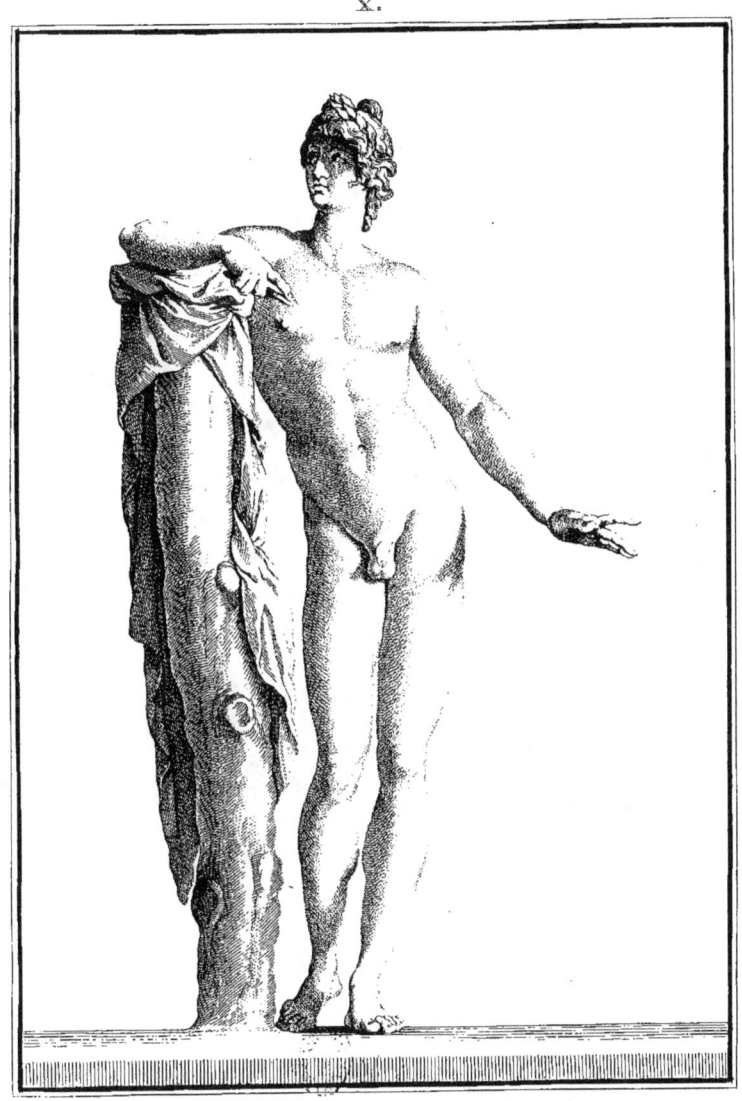

APOLLON, Invictus.

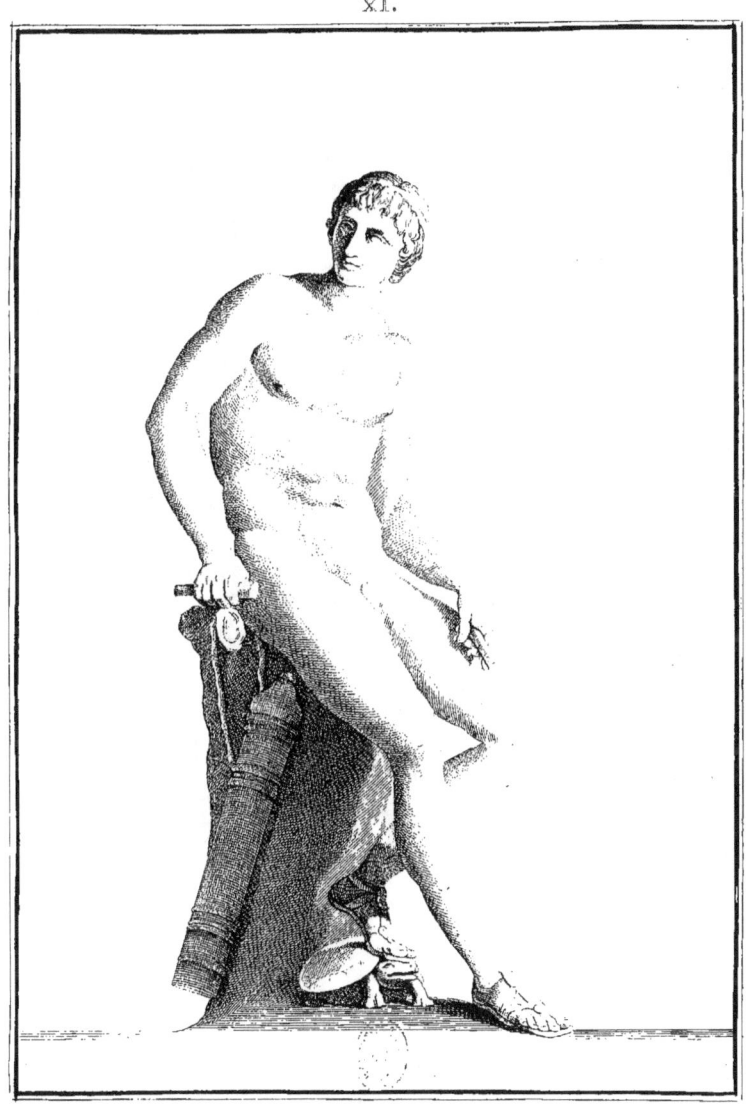

APOLLON, Inventeur de la Musique.

XII.

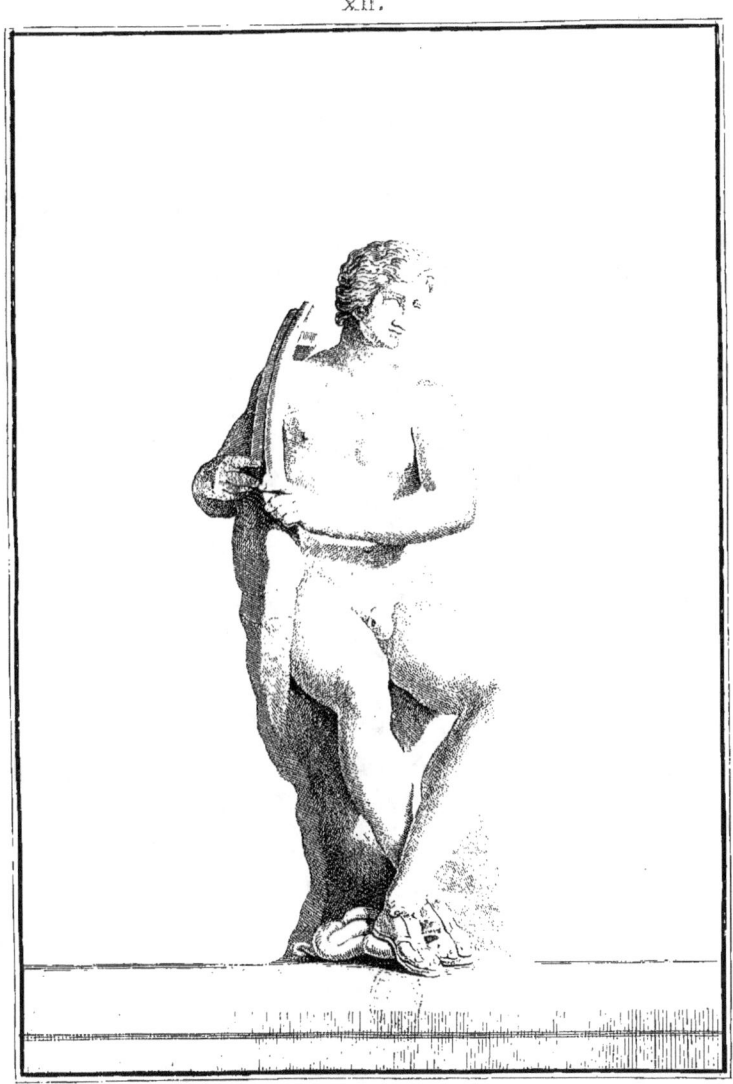

APOLLON. Pythien.

XIII.

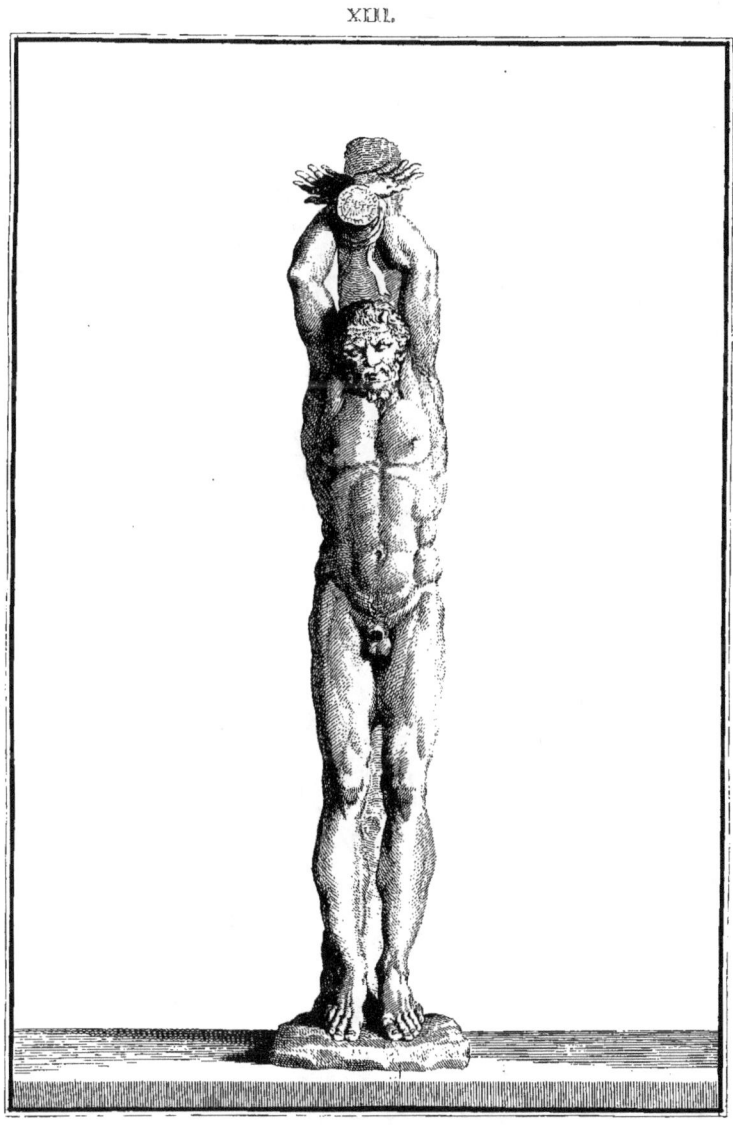

MARSYAS.

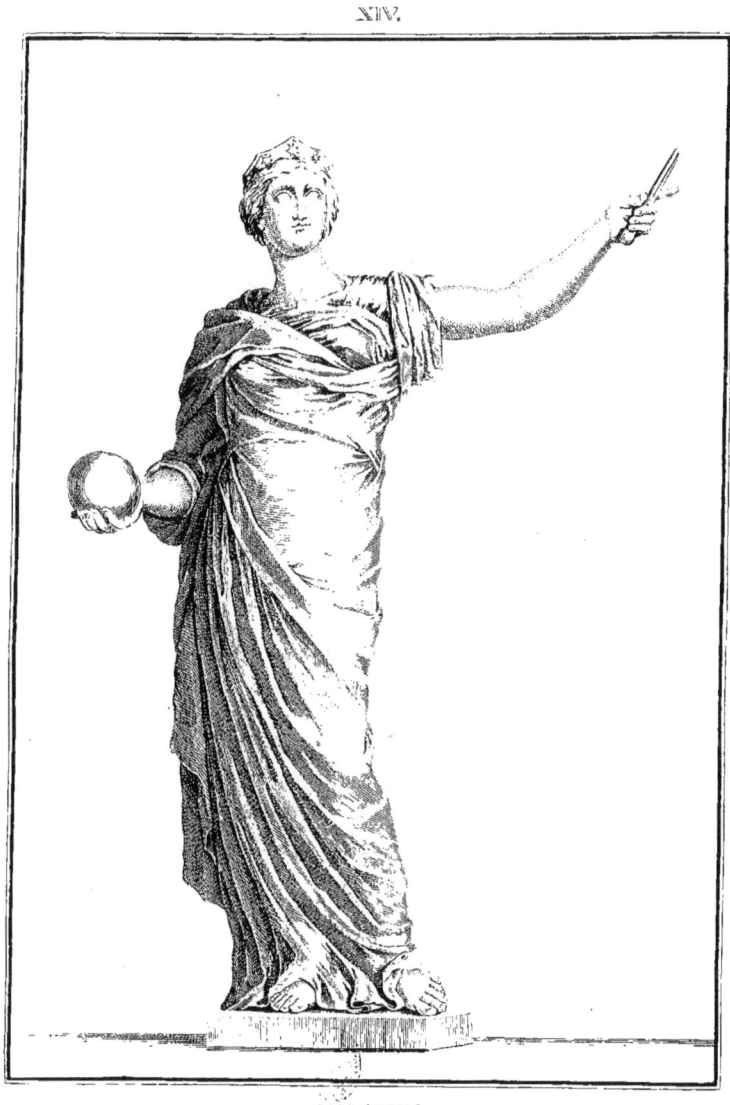

URANIE.

XV.

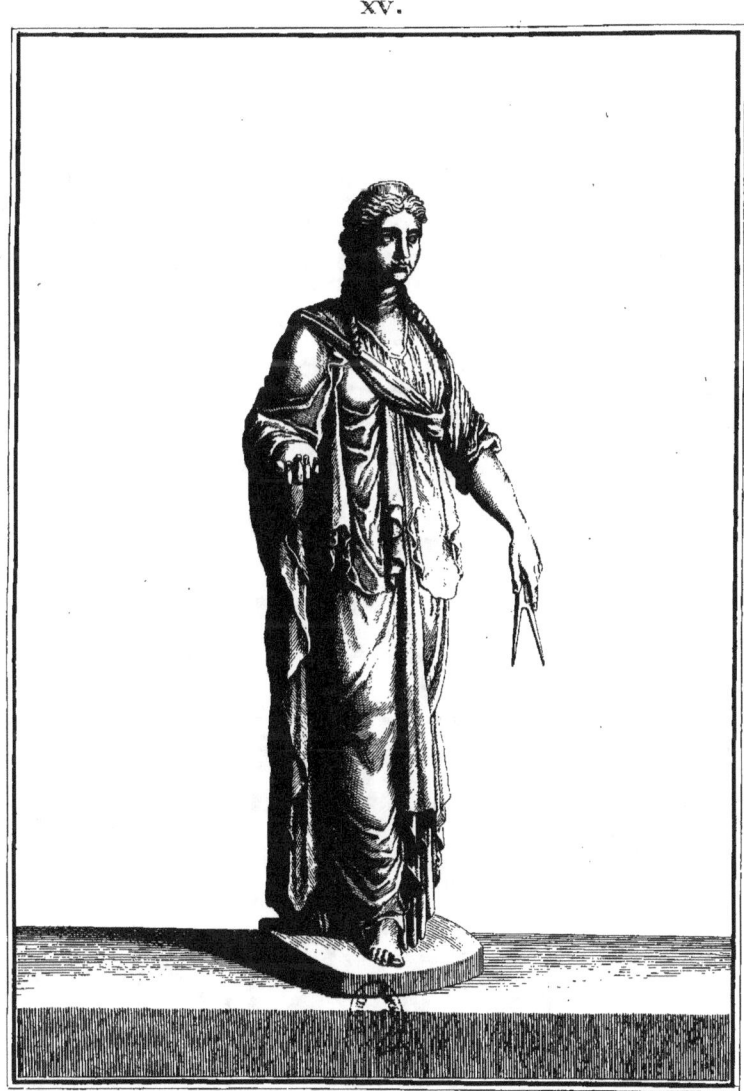

URANIE.

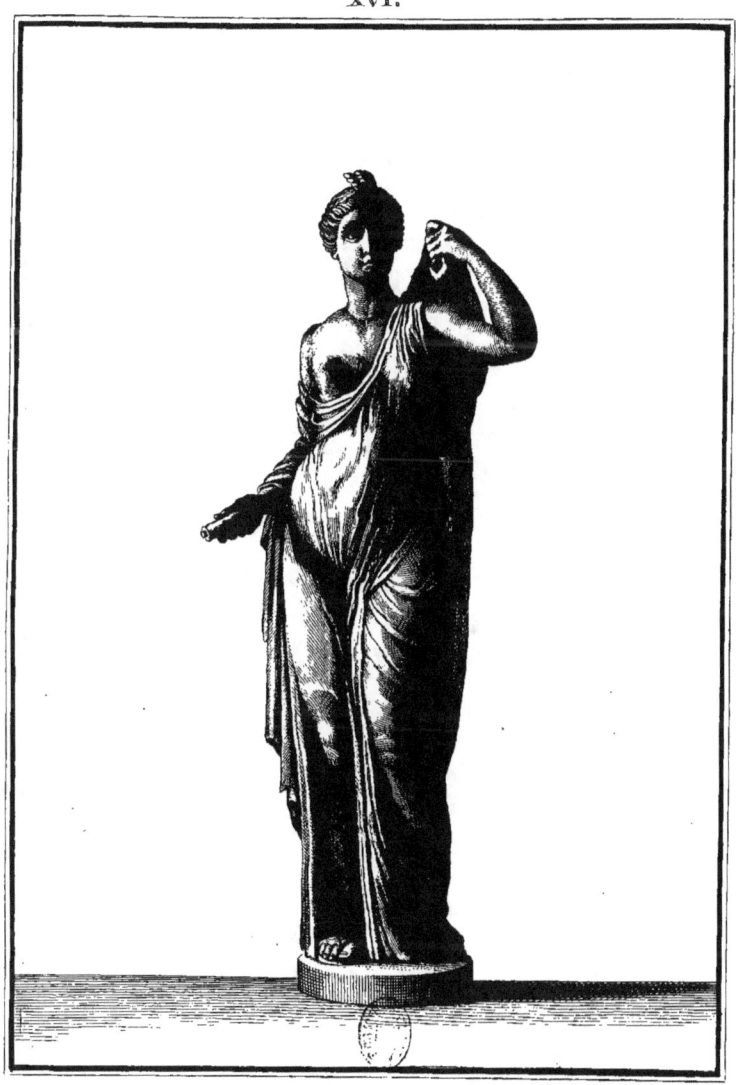

EUTERPE.

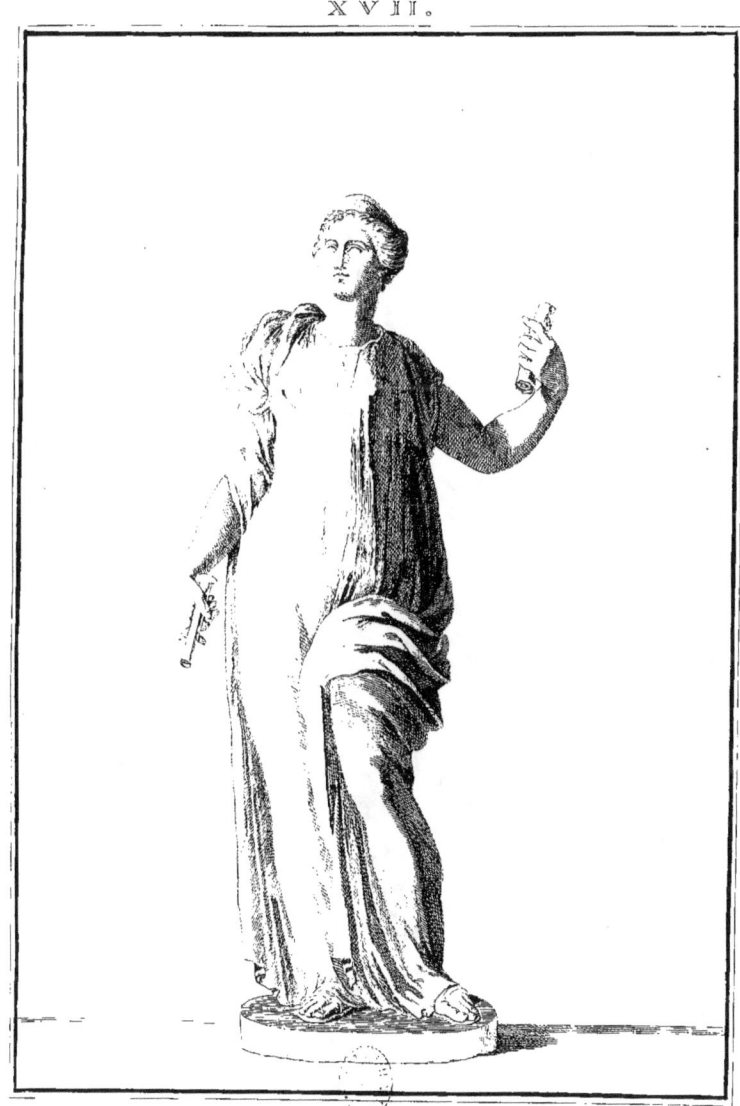

EUTERPE

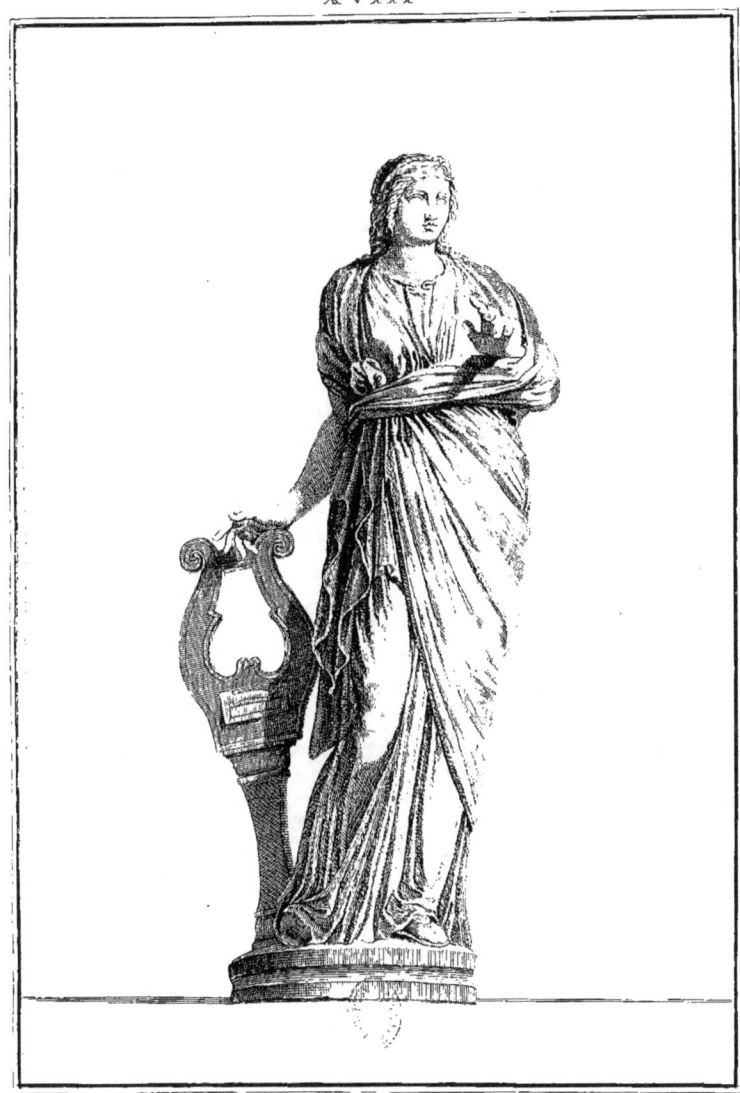

CLIO.

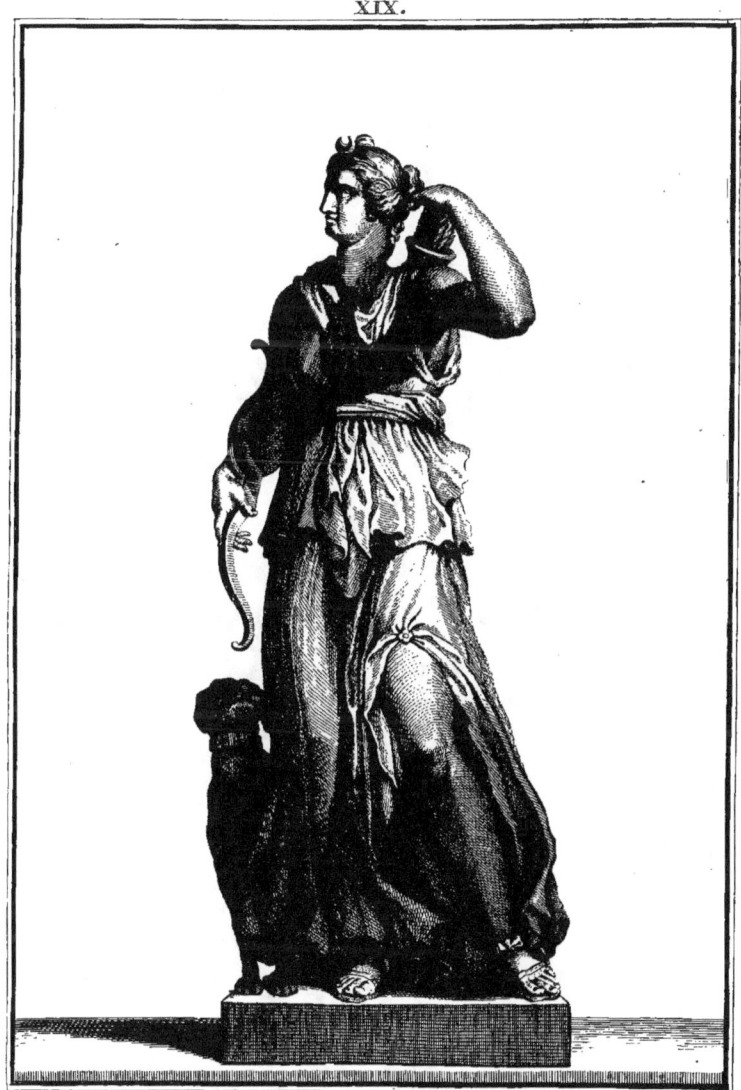

DIANE. Venatrix.

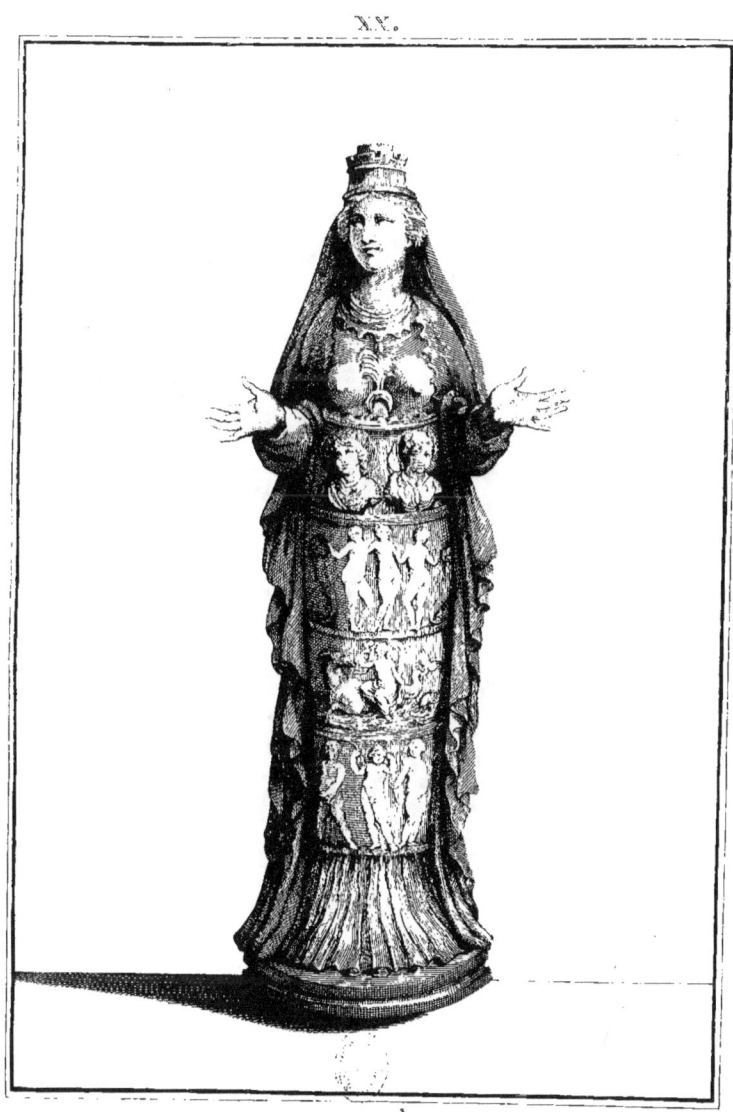

DIANE D'EPHÈSE.

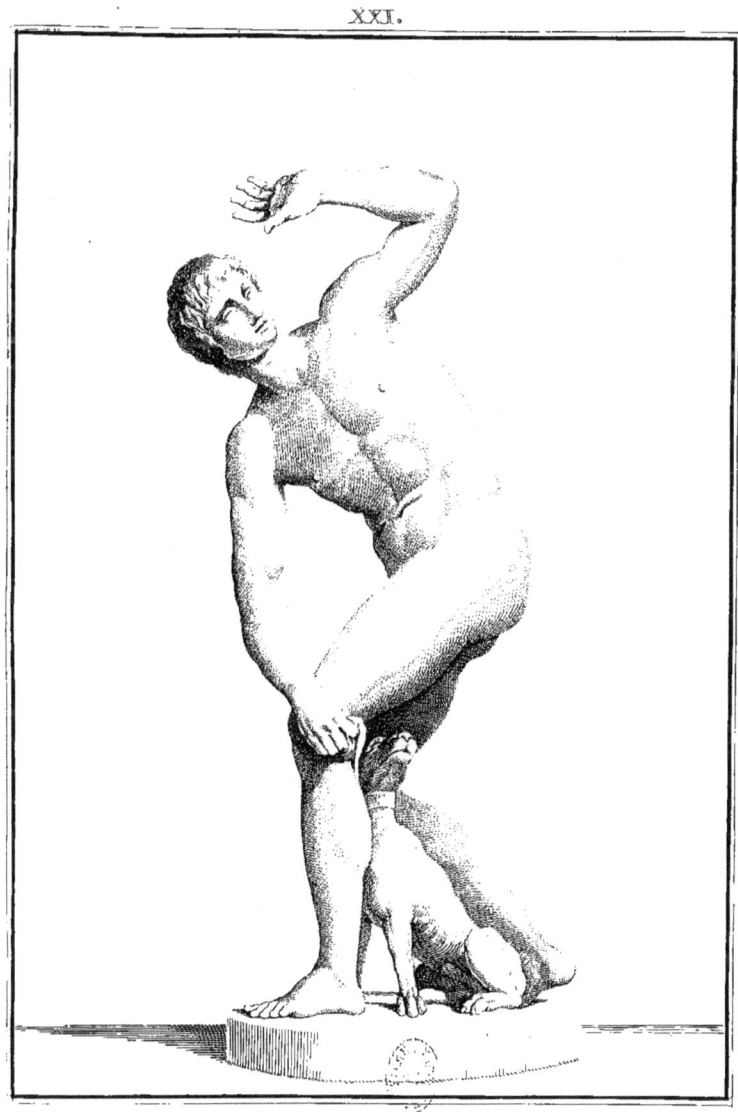

ENDIMION.

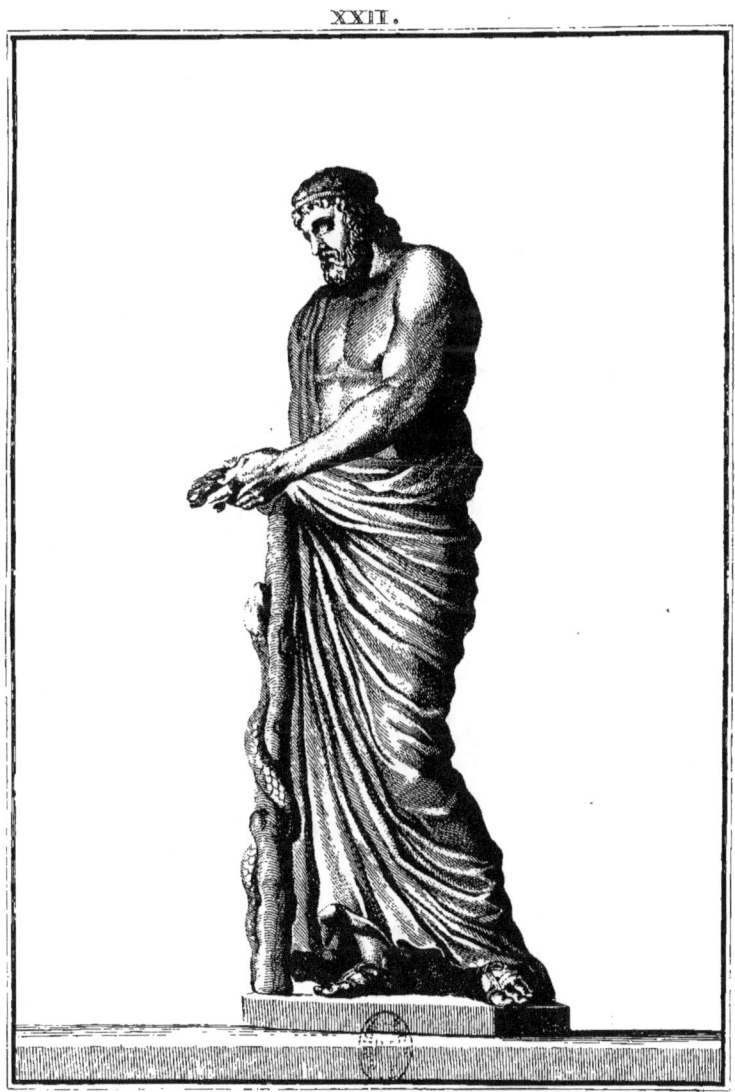

ESCULAPE.

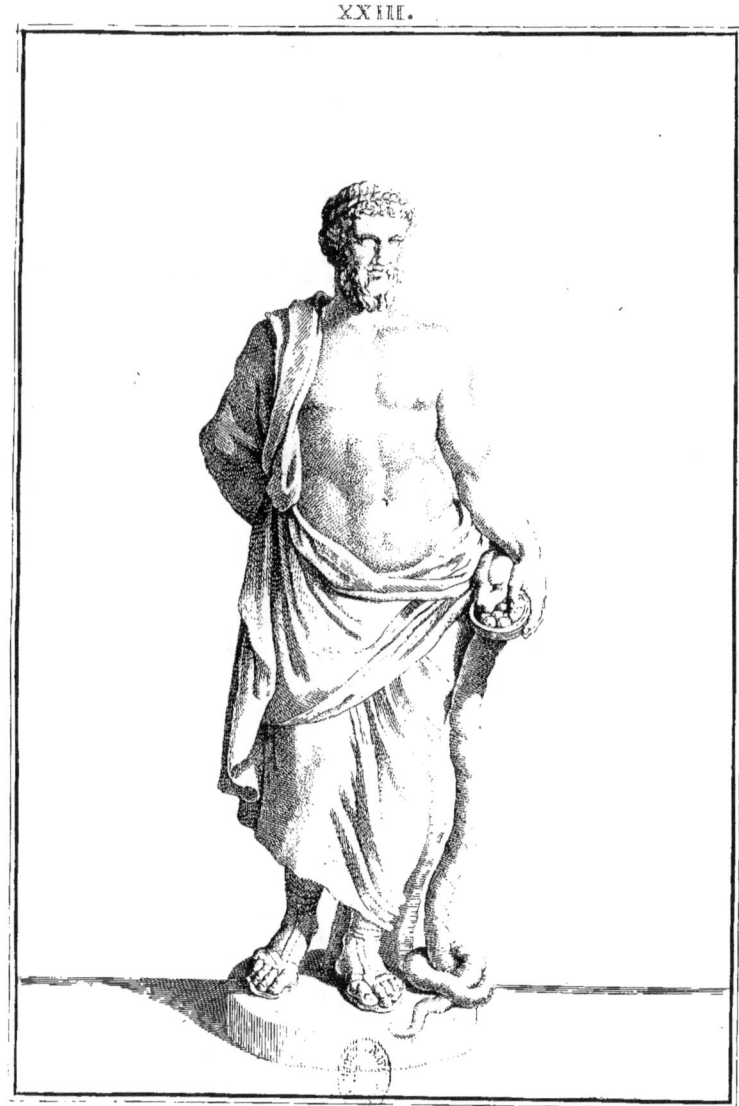

ESCULAPE.

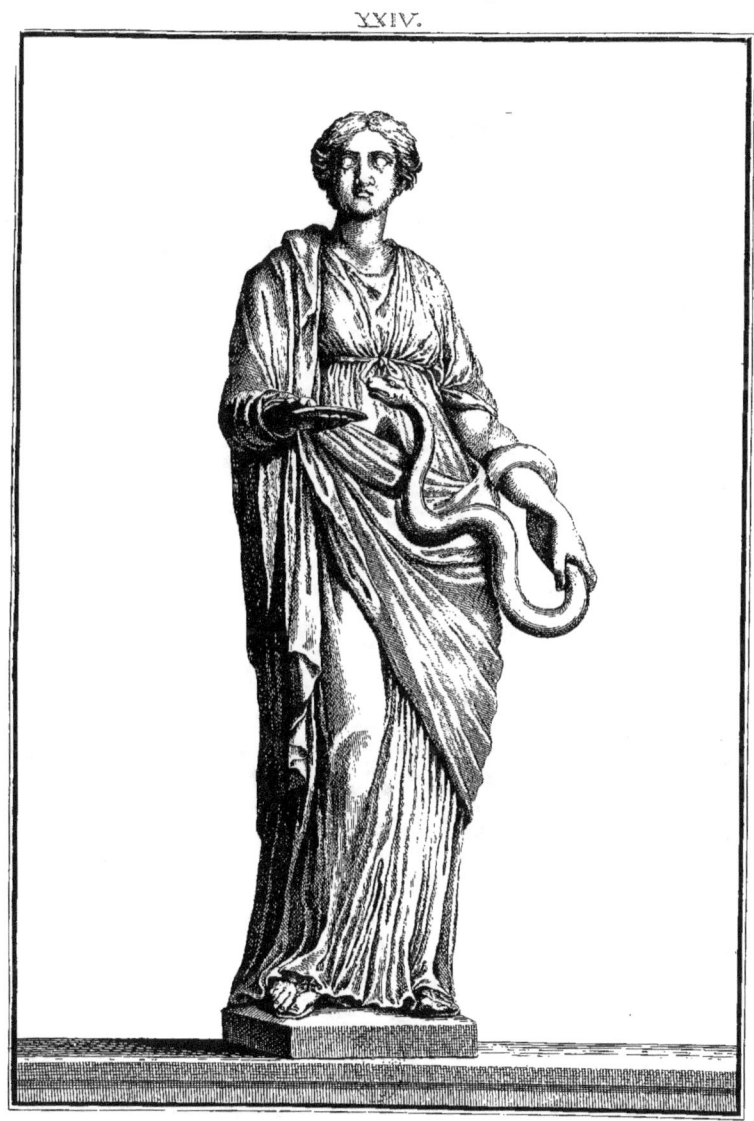

HYGÆ

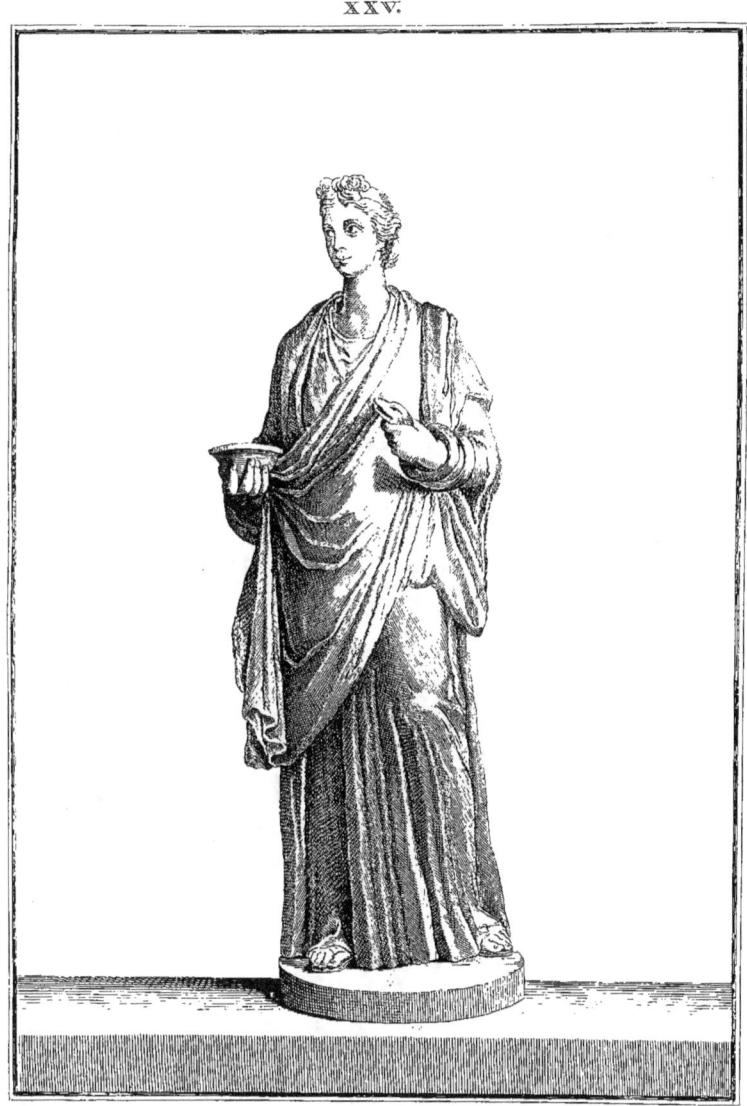

HYGIE.

XXVI.

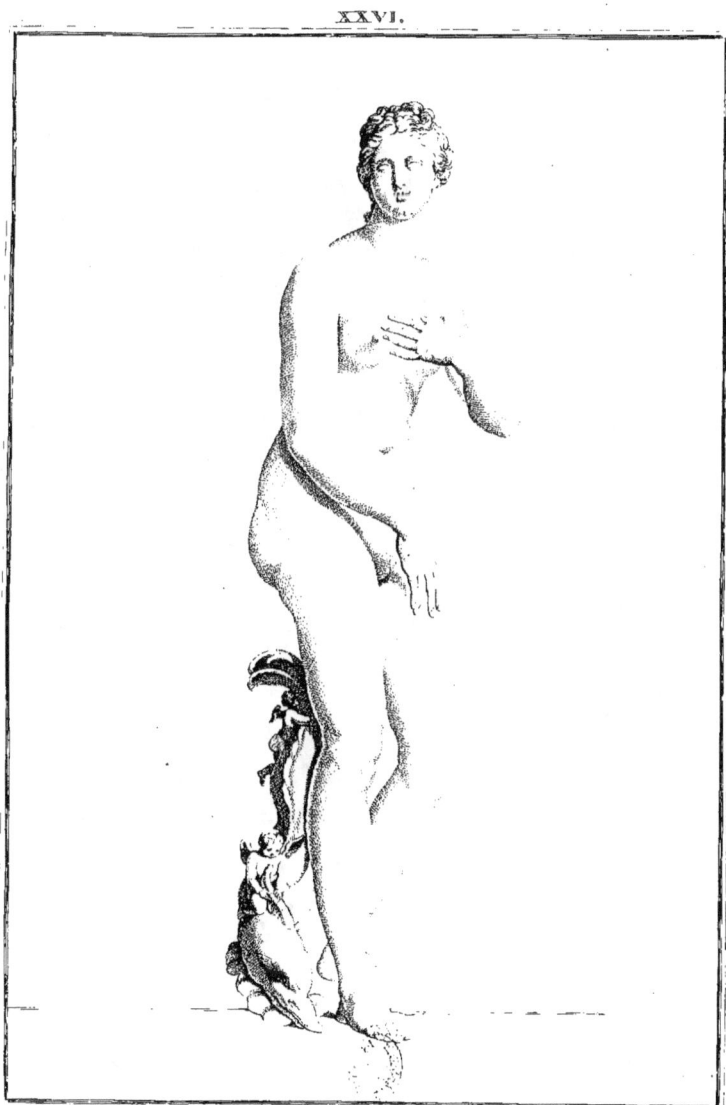

VENUS.

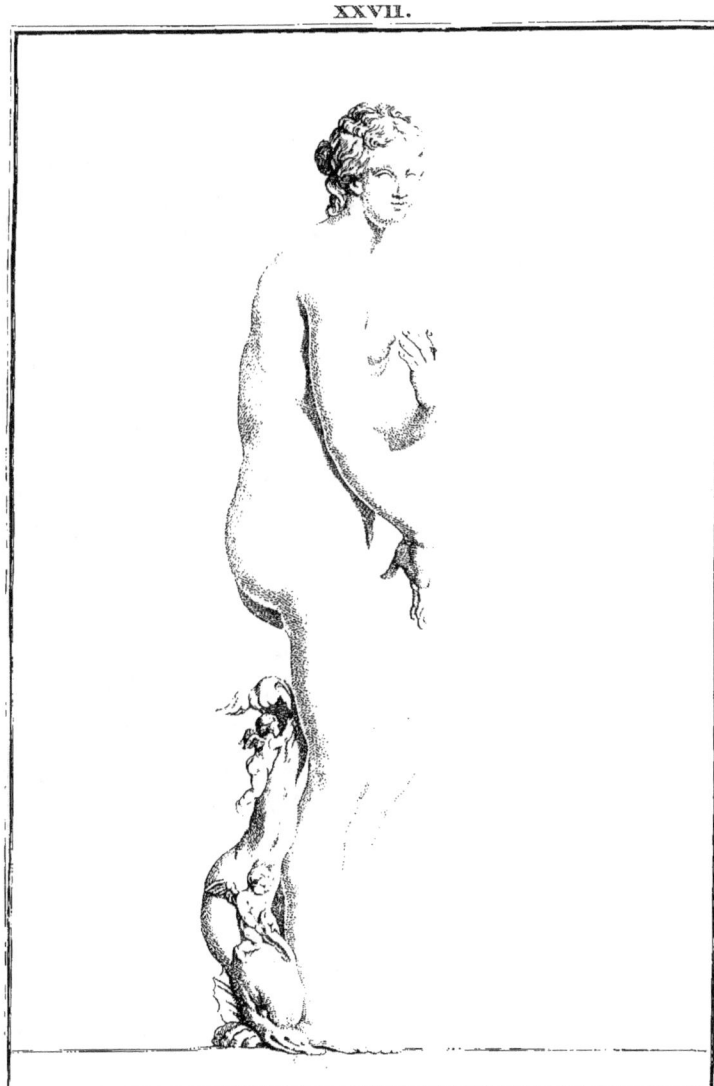

VENUS.

VENUS. Celeste.

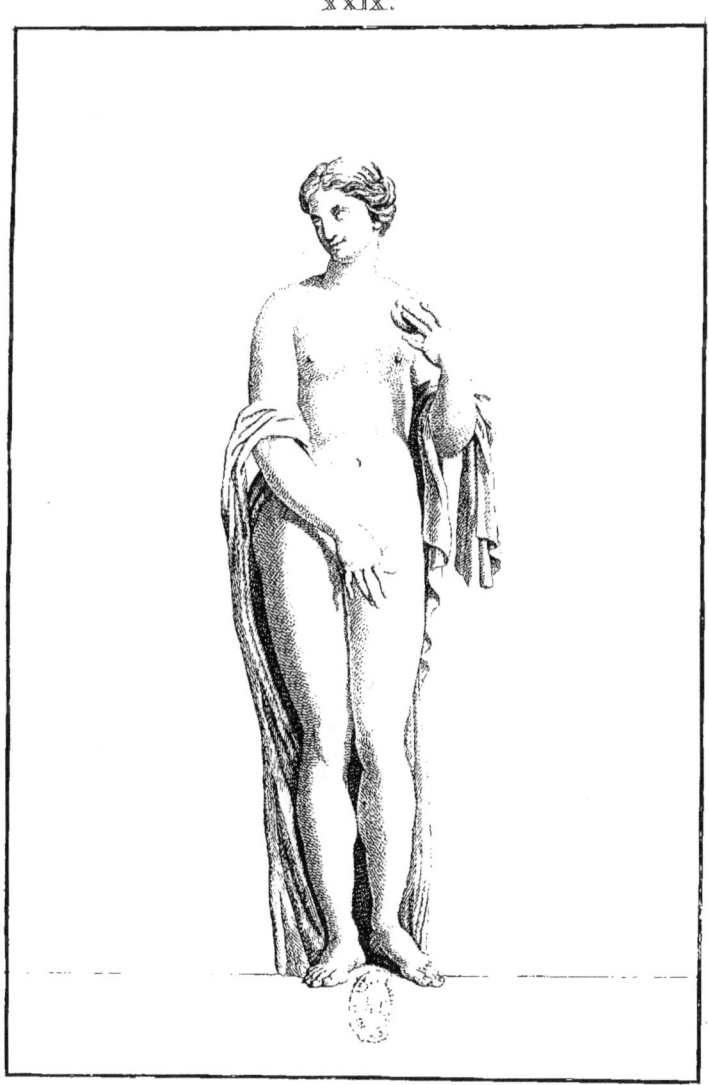

VENUS. Victorieuſe.

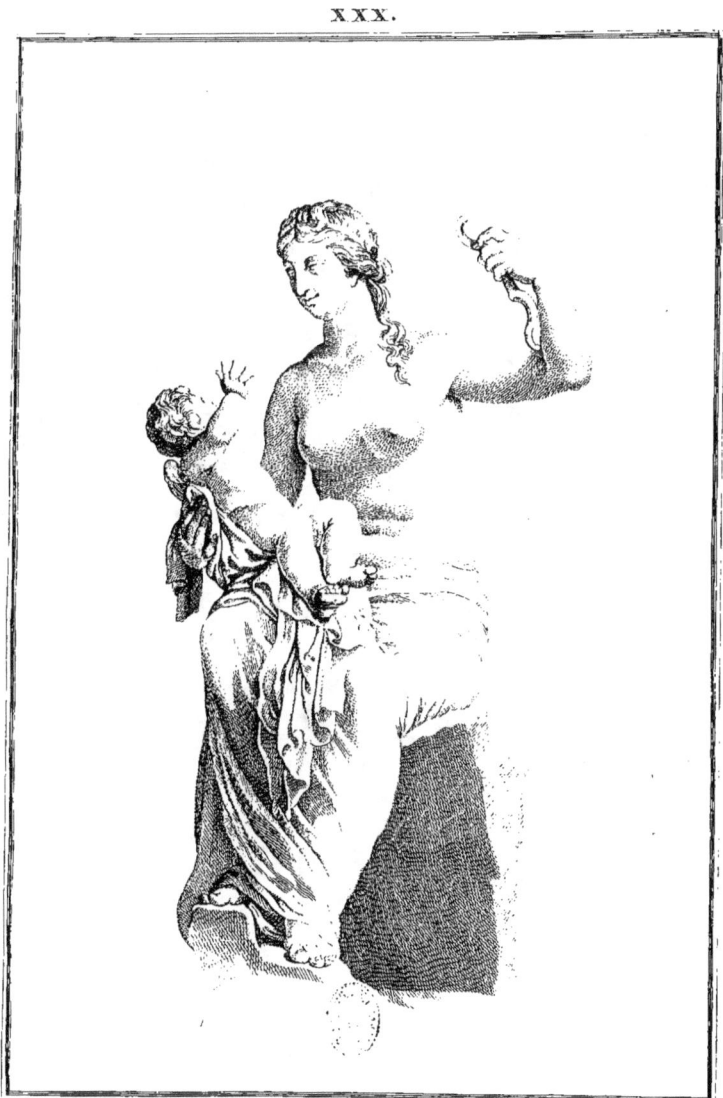

VENUS. Genitrix.

XXXVII.

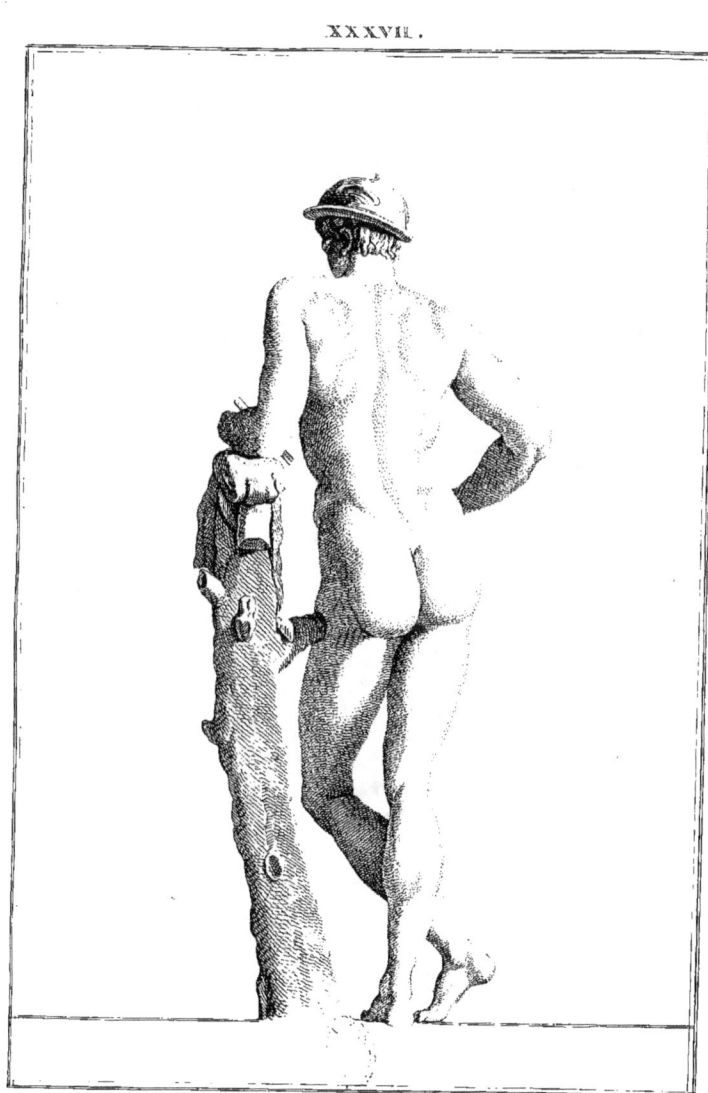

MERCURE.

XXXVIII.

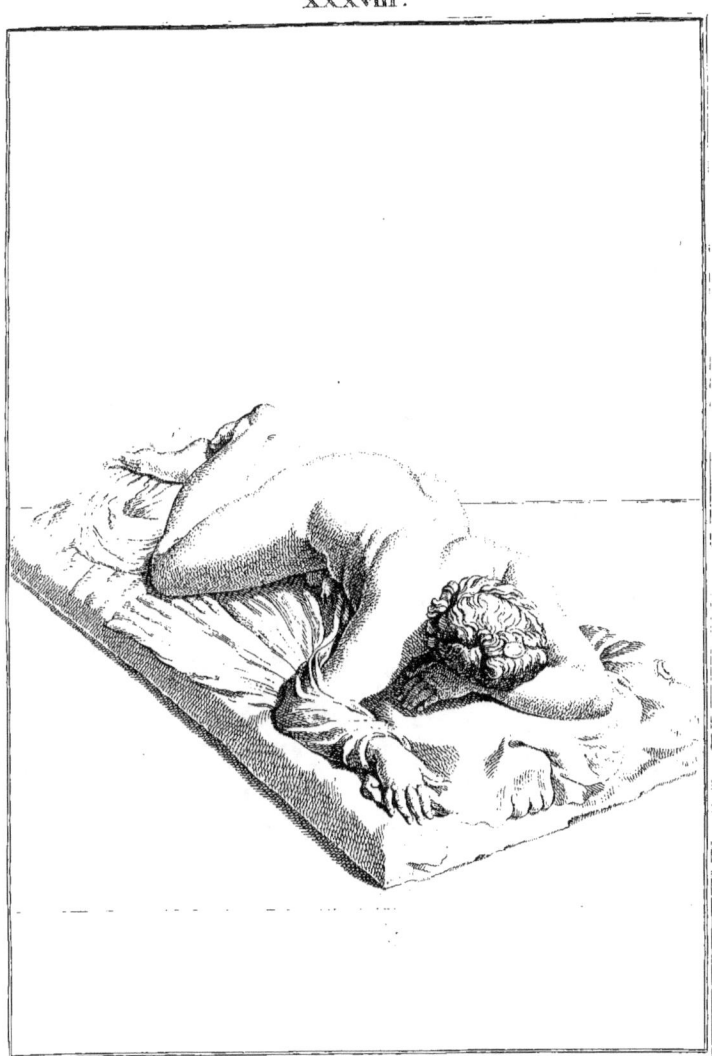

HERMAPHRODITE.

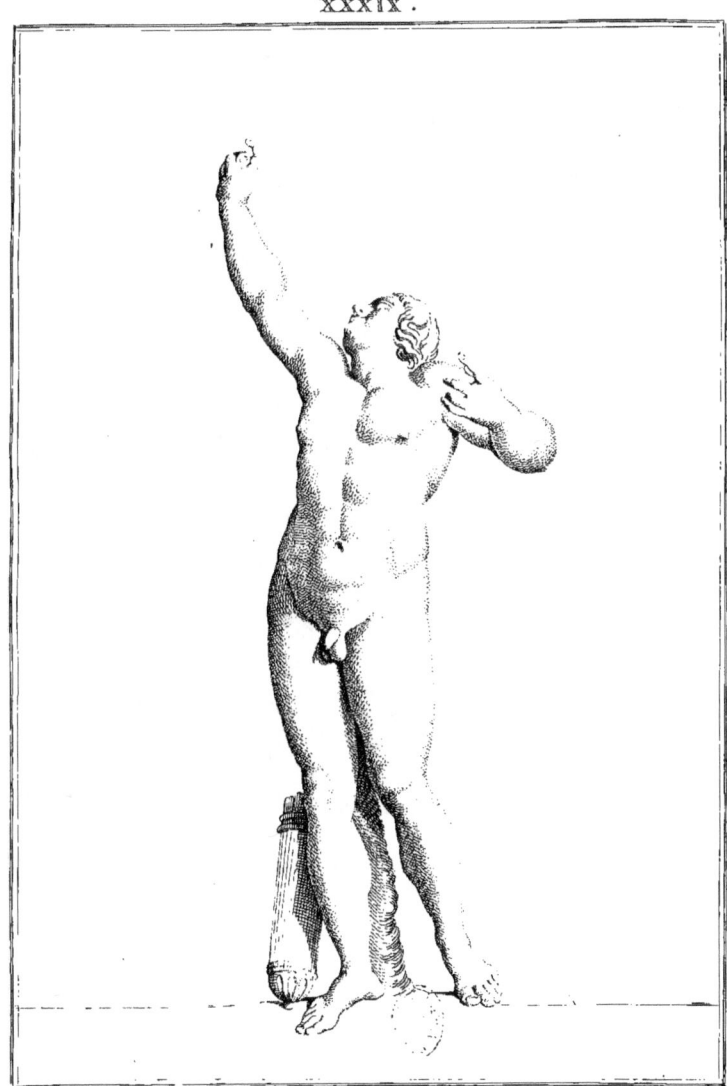

L'AMOUR lançant des Fléches.

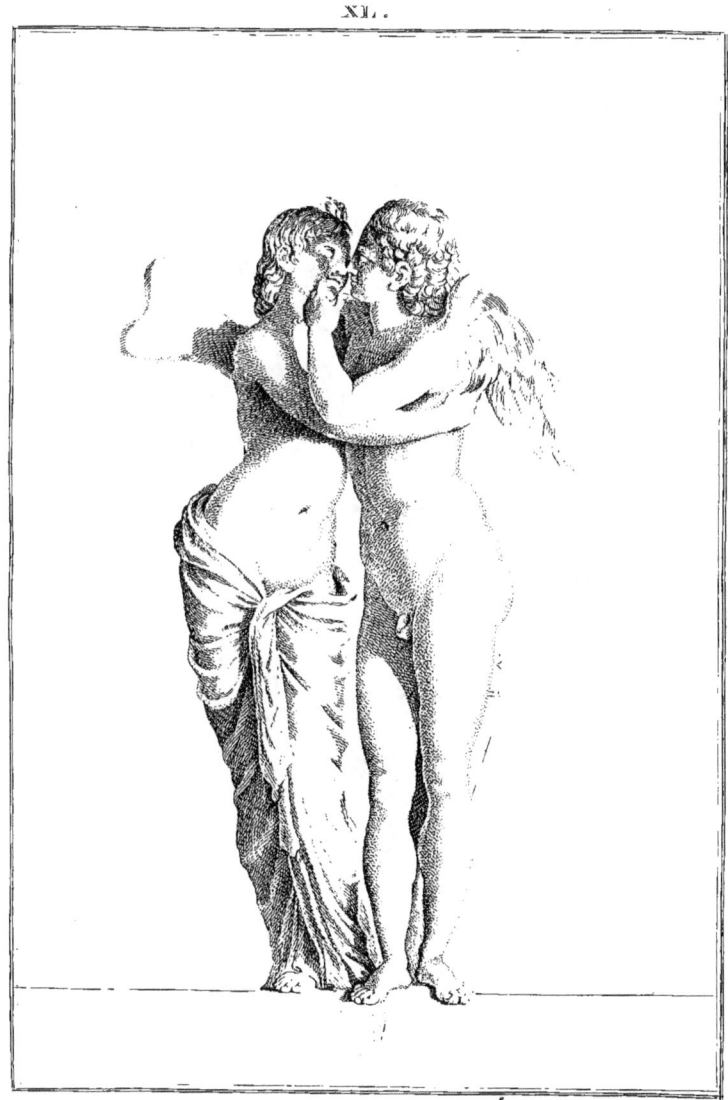

L'AMOUR et PSYCHÉ.

XLI.

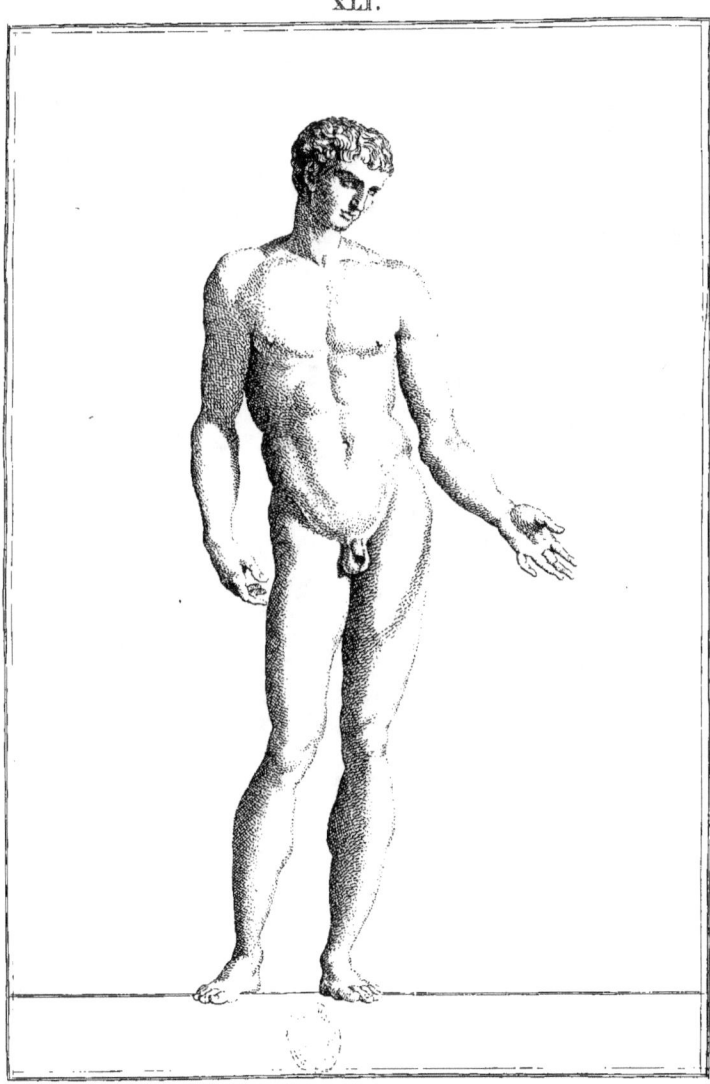

PRŒSTES.

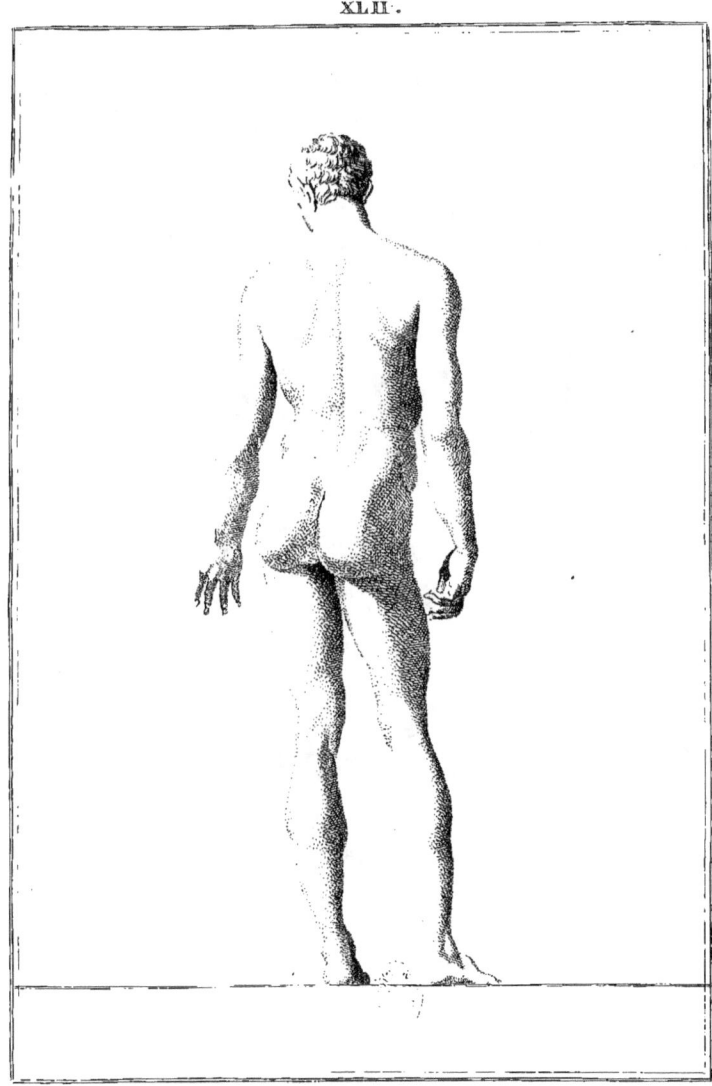

PRŒSTES.

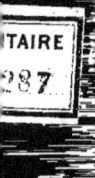

LE MUSEUM DE FLORENCE,

Ou Collection des Pierres gravées, Médailles, Statues
& Peintures du Cabinet du Grand Duc de Toscane,
avec leurs explications françoises,

DÉDIÉ ET PRÉSENTÉ A MONSIEUR, FRERE DU ROI.

Gravée par F. A. DAVID, Graveur de la Chambre &
du Cabinet de MONSIEUR, Membre de l'Académie
Royale des Beaux-Arts de Berlin, &c. &c.

4.ᵉ LIVRAISON.

Tome III.ᵉ

Composé de huit Planches, imprimées sur papier vélin &
Explications, Prix . . . . 6 livres.
Et *au bistre sanguin Anglois,* Prix . . . 9 livres.

A PARIS,

Chez L'AUTEUR, M. DAVID, rue des Cordeliers,
au coin de celle de l'Observance.

LE MUSEUM DE FLORENCE,

*Ou Collection des Pierres gravées, Médailles, Statues
& Peintures du Cabinet du Grand Duc de Toscane,
avec leurs explications françoises,*

DÉDIÉ ET PRÉSENTÉ A MONSIEUR, FRERE DU ROI.

Gravée par F. A. DAVID, Graveur de la Chambre &
du Cabinet de MONSIEUR, Membre de l'Académie
Royale des Beaux-Arts de Berlin, &c. &c.

5.ᵉ LIVRAISON.

Nᵒ. 2. STATUES.

*Composé de huit Planches, imprimées sur papier vélin &
Explications,* Prix . . . . 6 livres.
Et au bistre sanguin Anglois, Prix . . . . . 9 livres.

A PARIS,

Chez L'AUTEUR, M. DAVID, rue des Cordeliers,
au coin de celle de l'Observance.

LE MUSEUM DE FLORENCE,

Ou Collection de Pierres gravées, Médailles, Statues &
Peintures de la Gallerie & du Cabinet du Grand Duc
de Toscane, avec leurs explications françoises,

DÉDIÉ A MONSIEUR, FRERE DU ROI.

Gravé par F. A. DAVID, Graveur de la Chambre & du Cabinet de
MONSIEUR, Membre de l'Académie Royale de Peinture, de
Berlin, &c. &c.

15.ᵉ LIVRAISON.

N.º 3. *Statues*

Composé de 8. *Planches, imprimées sur papier vélin &* Explications, Prix. . . . . 6 livres.
Et *au bistre sanguin Anglois,* Prix . . . . 9 livres.

A PARIS,

Chez L'AUTEUR, M. DAVID, rue des Cordeliers, au coin de
celle de l'Observance.

LE MUSEUM DE FLORENCE,

Ou Collection de Pierres gravées, Médailles, Statues &
Peintures de la Gallerie & du Cabinet du Grand Duc
de Toscane, avec leurs explications françoises,

DÉDIÉ A MONSIEUR, FRERE DU ROI.

Gravé par F. A. DAVID, Graveur de la Chambre & du Cabinet de
MONSIEUR, Membre de l'Académie Royale de Peinture de
Berlin, &c. &c.

28 LIVRAISON.

Nº.

Composé de 6 Planches, imprimées sur papier vélin & Explications, Prix . . . . 6 livres.
Et au bistre sanguin Anglois, Prix . . . . 9 livres.

A PARIS,

Chez L'AUTEUR, M. DAVID, rue des Cordeliers, au coin de
celle de l'Observance.

LE MUSEUM DE FLORENCE,

*Ou Collection de Pierres gravées , Médailles, Statues &
Peintures de la Gallerie & du Cabinet du Grand Duc
de Toscane , avec leurs explications françoises ,*

DÉDIÉ A MONSIEUR, FRERE DU ROI.

Gravé par F. A. DAVID , Graveur de la Chambre & du Cabinet de
MONSIEUR , Membre de l'Académie Royale de Peinture , de
Berlin , &c. &c.

30 — *LIVRAISON.*

N°. — *Statues*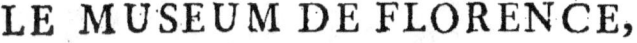

Composé de 6 *Planches , imprimées fur papier vélin & Expli-*
cations , Prix. . . . . 6 livres.
Et *au biftre fanguin Anglois,* Prix . . . . 9 livres.

A PARIS,

Chez L'AUTEUR , M. DAVID , rue des Cordeliers , au coin de
celle de l'Obfervance.

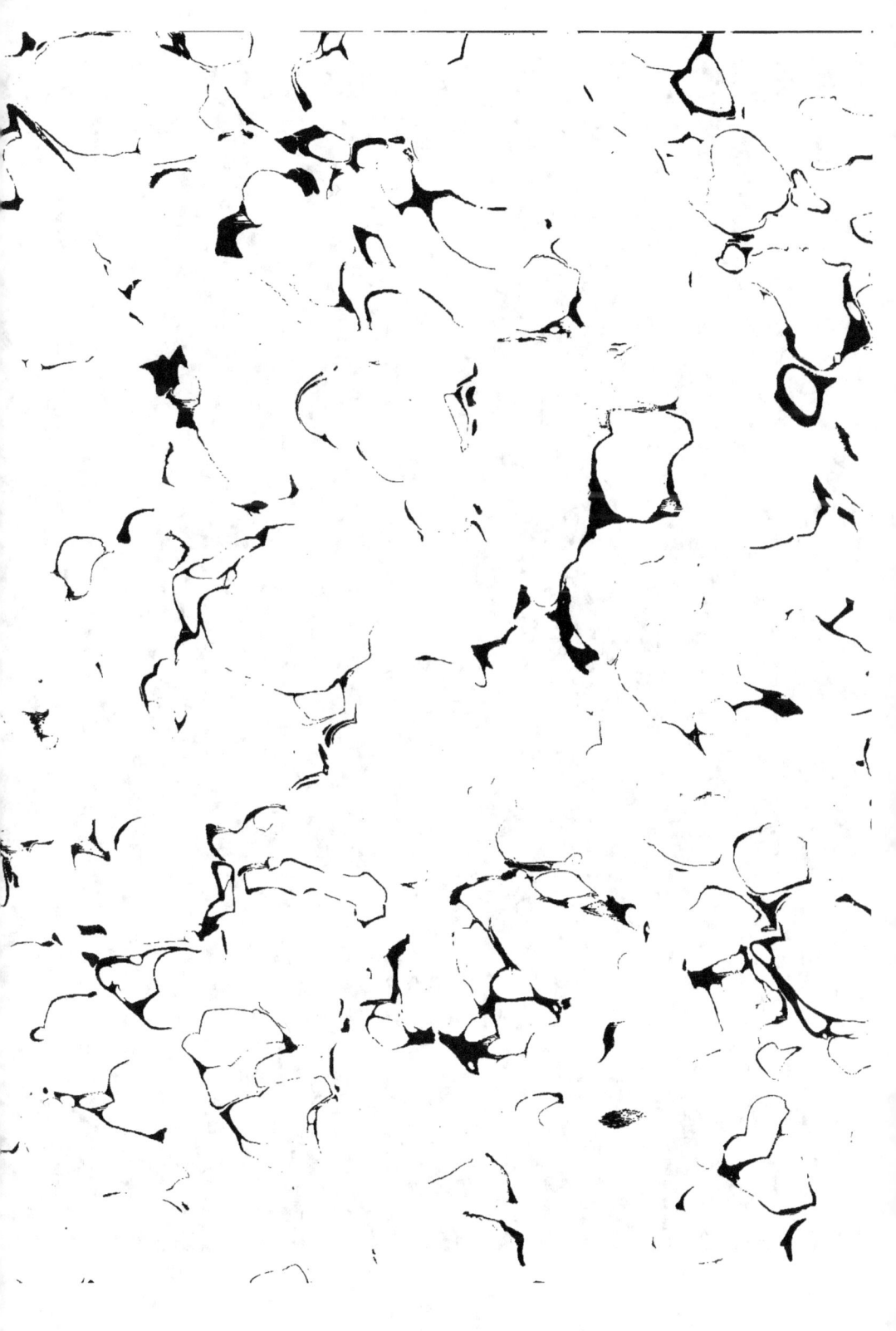

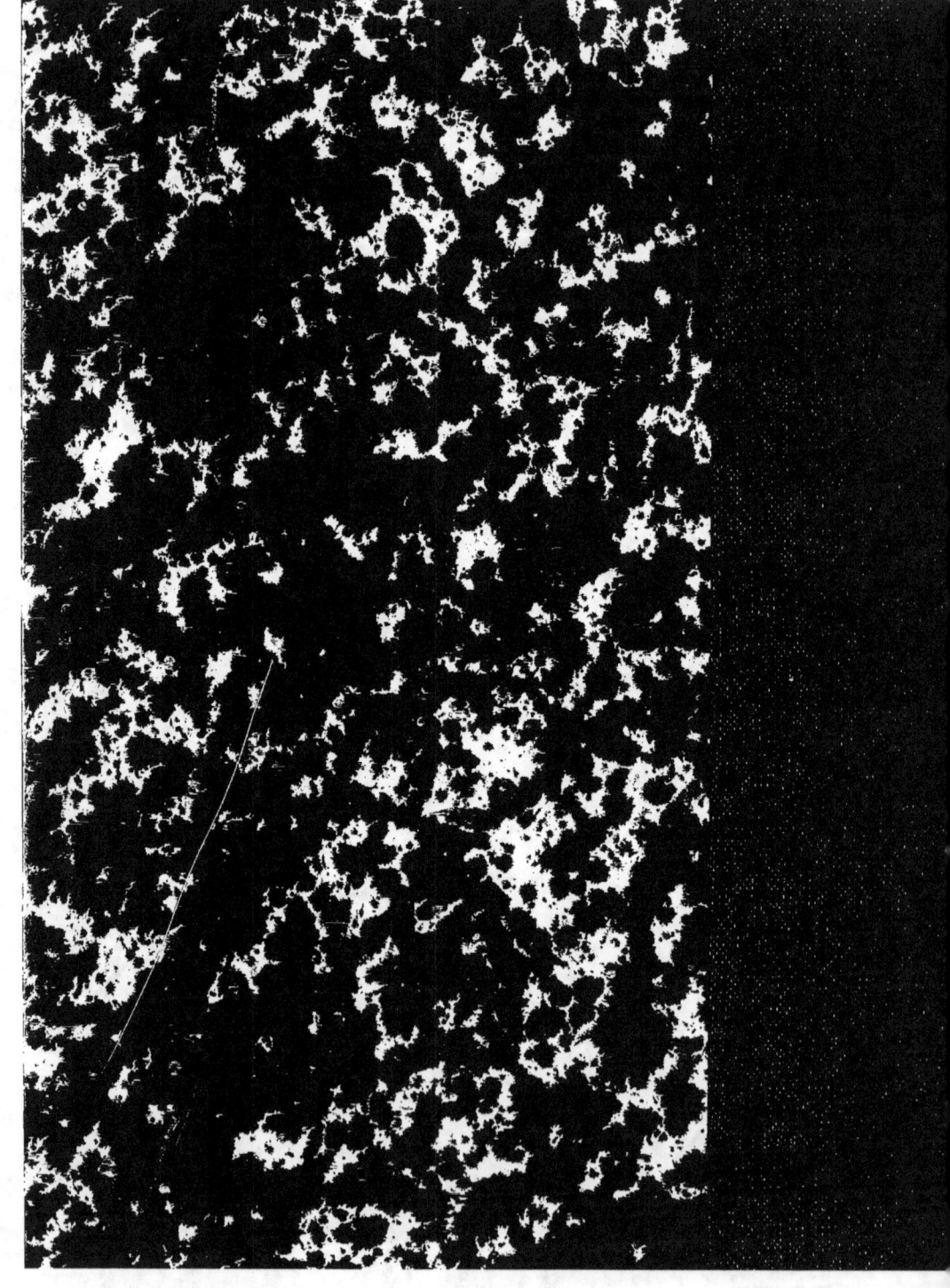

www.ingramcontent.com/pod-product-compliance
Lightning Source LLC
Chambersburg PA
CBHW071535220526
45469CB00003B/791